九宮奇門 2

六次元改運術

藉調座位、擺物品、拆東西、走吉方、做動作、煉自身，
天時地利人和六祕技翻轉人生，如願以償！

新世代奇門推動者
子奇 老師 著

謝詞

此書能順利完成，首要感謝老天及我的家人，沒有他們的加持與背後的支持，這一路走來，不會如此順利。其次要感謝子奇團隊的老師們，在他們於本書文字內容與圖檔的協助校正之下，此書才能順利付梓。

我也特別感謝，心語身心靈顧問中心的 張淑瑤老師及我的好夥伴 鍾維麒老師，要不是他們倆不斷地在我背後諄諄教誨及督促，也沒法這麼快催生出此書。

特別要感謝春光出版社編輯團隊的 Sherry 小姐及 何寧小姐，在她們的建議與指導下，使本書更臻完善，及春光出版社對筆者的信任與支持，在如此不景氣的今天，此書才有機會問市。

最後要感謝在我這幾年的教學期間，教學相長，給我非常多寶貴意見及觀點啟發的命理風水五術先進，形家長眼法風水 陳義霖大師，形家手面相風水名師 李淑貞老師，台中市五術教育協會 黃恆堉創會長，高雄市五術教育協會 李羽宸理事長，紫微斗數名師 范振木老師，道家九天奇門遁甲易經學會 劉家豐創會長。

期許每位讀者讀了此書後，都能夠深得其用，助己助人，助大家身體健康、一切順利、心想事成，謝謝大家，感恩！再感恩！

子奇

二〇二二年八月

目錄

寫在前面
奇門遁甲如何開運，如何幫你翻轉人生？

筆者上一本由春光出版社所出版的《九宮奇門：做決策．卜運勢．看風水．催桃花，人人都可用奇門遁甲助自己心想事成》，整本書的內容主要著重在「預測」，書中揭露了一個重要的觀念及主張：「大道至簡，預測其實可以很簡單！」因此上一本《九宮奇門》可說是史上最簡單的奇門預測方法，只要十分鐘，就能學會斷一件事情的吉凶成敗，一學就會，一用就準！而且會一個單宮斷，就可延伸應用於看手機號、算命、甚至看房子的風水等等。

本書延續上一本書的精神：「大道至簡，當然，改運其實也可以很簡單！」所以本書的內容主題著重在「改運」，可以稱之為一門《九宮奇門改運學》，是一本「開運寶典」，讀者若能搭配上一本書一起看，觀念更清楚，效果更加倍。這本書自用送人兩相宜，因為送人的禮物，可以是一盒高級的水果禮盒、一枝名貴的筆、一個名牌的包包，但都不如咱們送的這本書，是可以幫人家「開運、改運」，既特別、又受人歡迎。

我們常聽人說：「一命、二運、三風水、四積德、五讀書」，好像除了積德、讀書之外的改運方式，就只有換房子或改風水了。但有的改了風水可以解決，有的卻找了很久才找到滿意的房子可以換，且換了之後，外部環境一改變，莫非又要再換房子了？換房子是個大工程，而且很多情況之下條件不允許，也不是說換就能馬上換得成的。難道，我只想解決個問題，增加個運勢，除了改風水、換房子之外，沒有別的辦法了嗎？

當然，想「改運」，不一定得換房子、移門換牆大興土木，也不一定要去買老師加持過很貴的風水物，其實，「改運」可以自己DIY，**改運也可以很簡單！**

因此，子奇老師在本書裡提出一個新的思維，一門全新的改運術，稱之為「**奇門遁甲六次元改運術**」。只要能掌握「**調座位、擺物品、拆東西、走吉方、做動作、煉自身**」六個簡易、快速、犀利、有效的方式，就能讓你這輩子有翻身的機會、改變自己的運勢、創造自己的幸福人生！六項一起做，常常做，就能全方位明顯的感受到運勢的提升與改變！

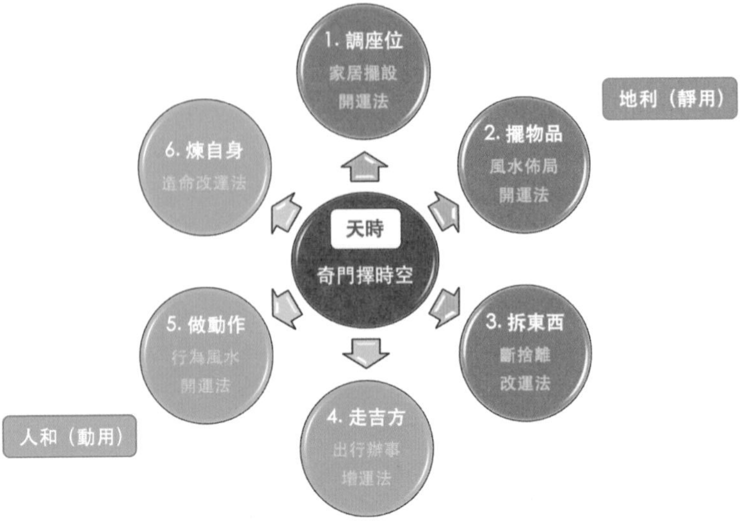

圖 1：奇門遁甲六次元改運術。

這是真的嗎？只要「調座位、擺物品、拆東西、走吉方、做動作、煉自身」就能改變運勢嗎？這裡，我們來看一個實例，如何只選了一個吉時，調整了總經理辦公桌的位置及朝向，就改變及提升了公司的生意。

二〇一五年，我一個認識很久的學弟，成立了一家專做手機APP開發的新創公司。我找了個時間去他新租的公司拜訪他，在他的總經理辦公室裡閒聊了一陣子之後，我忍不住開口道：「學弟，你知道我在教奇門遁甲，我不知道你會不會排斥風水，或不太相信這套中國人的玩意兒？」我學弟隨即回應道：「不會呀，我OK呀，學長，你為什麼會這樣問呀？」

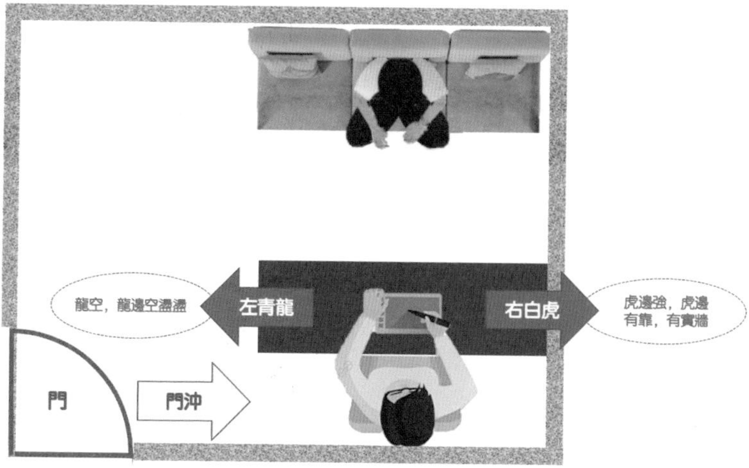

圖 2：左邊龍邊空，造成自己弱勢；右邊虎邊有靠，員工及客戶反而強勢。

我說：「你要不要試一試，因為你現在主管室辦公桌的擺設，使你剛好坐在門沖的位置，而且剛好座位的左邊是龍邊，代表自己，也是風水的貴人方，空盪盪的，做事會沒有貴人幫扶；而右邊是虎邊，代表員工及客戶，有實牆，強於龍邊，這樣形成了龍弱虎強的形勢格局，員工及客戶壓過自己，大大不利你的事業啊！」

我解釋道：「奇門遁甲源於兵法，打仗時講求地利，兩軍對戰，要搶占有利的地勢，得機得勢，方能剋敵致勝。中國人談風水，也常講『左青龍，右白虎』，在辦公桌坐下來後，你所坐位置的左手邊稱為青龍方，代表我方、自己；而右手邊稱為白虎方，代表對方、客戶或員工下屬。如果你坐的位置，白虎方強於青龍方，則

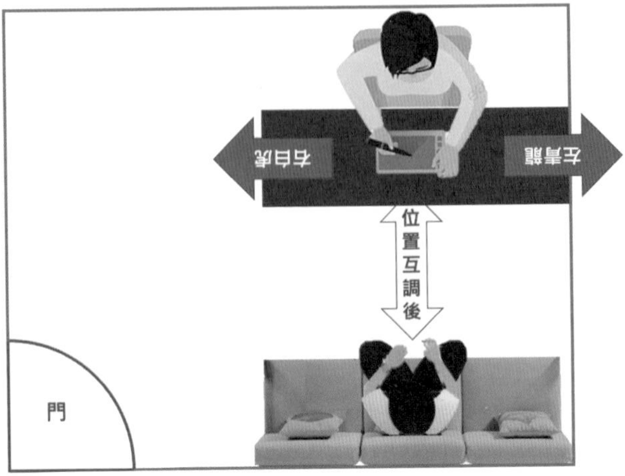

圖 3：辦公室格局調整後示意圖。

員工下屬或客戶強於我這個老版，不僅員工不聽話或與自己唱反調，客戶氣勢也會壓過我，砍我價格，不利談合作談生意。」

我接著說道：「你現在辦公桌的座位及擺設，正好左邊、代表自己的龍邊空，沒有著力點，左邊空為地板，地勢低，低為弱勢；而右邊，代表對方、客戶或手下員工的白虎方有實靠，有牆壁（或高櫃），高為強勢，正好呈現虎強龍弱的形勢格局，這會使得你在帶領員工或與客戶談合作或談判時處於弱勢，不僅做事沒人幫，一切只能靠自己（龍邊空不得助力、處於弱勢），不免辛勞，更甚者，員工不聽話，計畫客戶不採納，對生意實在不利呀！」

學弟聽完，驚訝問道：「學長，那該怎麼辦呀？您快說說，那有啥法子可以改變呀？」我隨即回道：「其實，那也不難，只要稍微調整你辦公桌的位置，將咱倆的位置互換，就可將你的弱勢轉為優勢，整個情勢扭轉，提升運勢，而且能幫助你與客戶的合作都能進行順利，老闆員工皆能齊心合力，事業大展鴻圖！」

要訣一　空間上要占地利

作法

找到進門斜對角的聚氣位（財位），坐下後調整座向，使門口落在你的右前方處，符合風水上「龍強虎弱、龍過堂」的形勢格局。

學弟一臉不可置信地問道：「就這麼簡單？」我正色回道：「是呀，沒錯，就這麼簡單！」正所謂「江湖一點訣，說破不值錢」，我故作神祕說道：「別瞧就這麼輕輕一挪，其實這裡面還隱藏著奇門遁甲或風水高手堅決不肯透露的祕密。」聰明的學弟聽出弦外之音，抓緊機會問道：「什麼祕密？」

我喝了一口茶，緩緩說道：「你若照我跟你的建議，辦公桌這樣一擺，剛好整個房間的氣場形成了順時針『龍過堂』的形勢格局，能讓老闆跟員工上下一心，相

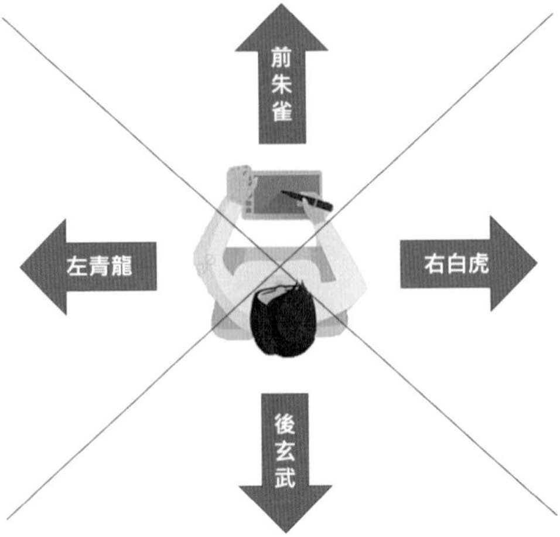

圖 4：左青龍、右白虎、前朱雀、後玄武，龍虎四勢示意圖。

處和睦，齊心協力，你談的案子能快速成交，開發客戶能左右逢源，與客戶之間合作愉快，專案項目能進行順利。來，我畫在白板上跟你解釋一下……」

如果我們把這個座位當作一間房子來看，在風水中，我們以房子為中心點，房子前面稱為「朱雀方」，又稱為「明堂」（明代表光明），代表未來，象徵事業未來；房子後面稱為「玄武方」，代表過去，象徵有祖蔭，有背景，背後有人給你撐腰。而房子左邊稱為「青龍方」，代表我方、代表我自己；而房子右邊代表對方，可代表員工下屬或客戶，稱為「白虎方」。

假如座位的左邊有靠，且高於右邊（例如座位左邊有實牆或高的書櫃，而右邊啥都沒有，或是櫃子的高度矮於左邊），高為強勢，低為弱勢，這就屬於「龍強虎弱」的室內格局，這將會使得我的氣勢強於客戶，大過下屬，猶如兩軍對峙時，我方軍隊的士氣強於敵軍，我所率領的部隊能效力於我、聽從我的指揮。

龍強虎弱：會使得你在帶領員工、或與客戶談合作、談判時，處於較有利的一方，不僅做事有貴人幫，事半功倍，而且員工能聽話，計畫得客戶採納，對生意大大有利！

更厲害的是，「龍強虎弱」除了左右的形勢對我有利，如果你辦公室進出的門口，剛好在你坐下來後的右前方，還可形成「龍過堂」的漂亮格局，有利於老闆與員工的上下和諧，士氣凝聚，齊心合作，我的公司與客戶的合作進展順利，關係融洽，水乳交融，客戶不容易被人搶走。

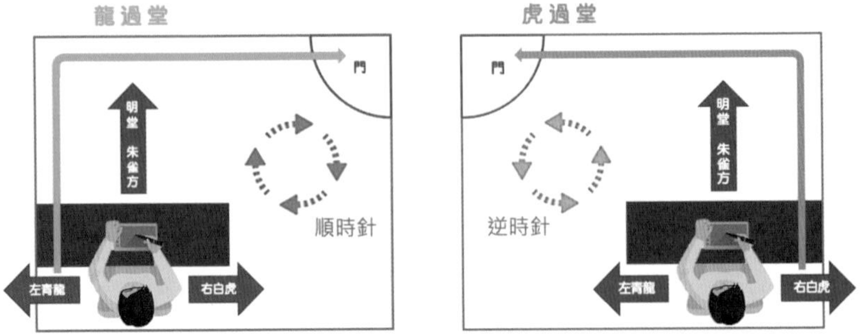

圖 5：「龍過堂」及「虎過堂」示意圖。

龍過堂：由座位的左手邊（龍邊）沿著牆壁，貼著牆壁延伸往前走，右轉後繼續往前走，若能穿過了「座位的正前方」（明堂），就叫跨過了明堂。然後再往前走到房間的門口，這叫做「龍過堂」，反之則稱為「虎過堂」。

也就是說，你在房間找個角落擺放辦公桌，坐下來以後，若門口在你的右前方，就是「龍過堂」；相反地，若門口在你的左前方，則是「虎過堂」。

龍過堂：室內炁場形成炁流順時針旋入，主合、主聚、主得，能使青龍與白虎，老闆與員工、企業與客戶，彼此凝聚、和睦、有向心力、有共識。

虎過堂：室內炁場形成炁流逆時針旋出，主分、主散、主失，使得青龍與白虎，老闆與員工、企業與客戶，彼此意見分歧、矛盾衝突、離心離德、沒有共識。

這道理很簡單，但隱藏著天地運行的玄機，我們生活中也可見到符合大自然規律的現象，好比一個飲料瓶子的瓶蓋，我們將瓶蓋順時針旋轉，則瓶蓋越旋越緊，順時針主合主聚，而逆時針旋轉，則瓶蓋會跟瓶身分離，逆時針主分主散。

雖然室內環境調整成「龍強虎弱」，使得我方氣勢壓過對方，但畢竟我們是在開公司做生意，生意以和為貴，除了員工客戶能順我的意，更重要的是要攏絡員工的心、客戶的心，讓上下一心，左右逢源，才能生意興隆，大展鴻圖。而這「龍過堂」正是風水學裡的祕中之祕，是風水佈局中的高層技法！所以，對所有修習風水的人來講，無不視其為至寶，絕不輕易傳之！

當我在白板畫下室內格局圖解釋說明完後，學弟張口驚嘆道：「哇！原來這裡面還有這麼大的學問，今天我真的遇到貴人了！學長，我現在就移，你幫我一起把辦公桌移到對面。」我連忙說道：「等一下，別急，還沒完！我現在只說了一半，這在奇門稱為『占地利』，另外還有『得天時』之法。」

要訣二　時間上要得天時

作法

在室內中心點量此角落的方位，然後打開奇門盤，鎖定對應該方位的宮位（空間），撥動奇門盤的時辰一直選到某時辰（時間），在對應方位的宮位裡有大吉的奇門符號（能量）。

我接著說道：「中國人常講，做事要成功，必須『天時、地利、人和』的配合，你知道為什麼結婚要挑一個好日子？」學弟回道：「因為是習俗，大家都這麼做，而且挑個好日子結婚，有個好彩頭，有個好的開始，感覺婚姻就會很幸福，像極了愛情！」

我正色說道：「你知道結婚一定要挑一個好日子，它真正的原因是……因為結婚後，你就沒有好日子過了！」學弟本來湊過身來，很正經地想聽我的答案，結果一聽之後，大聲說道：「學長，你別鬧了，我很認真的在聽你講，結果你在開玩笑！」我大笑說道：「哈哈，這裡要透露的第二個祕訣，是我們還要得天時，借時

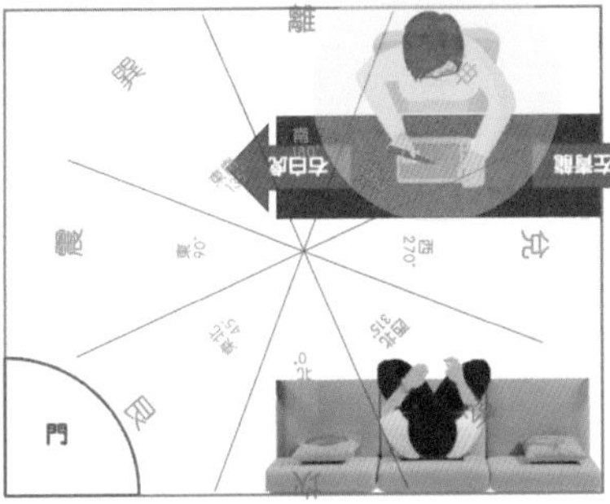

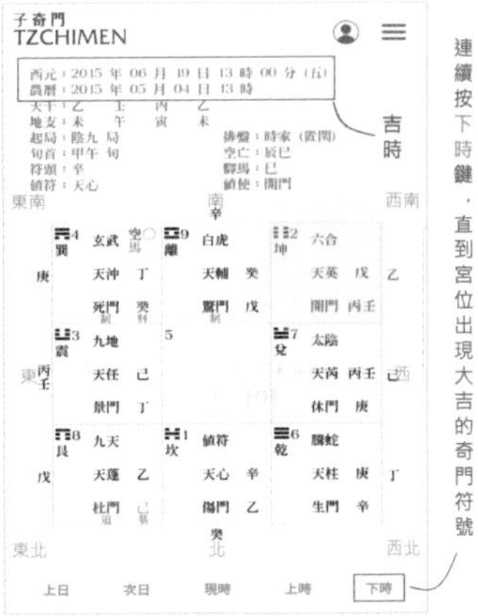

圖 6：座位在「西南方」，連續按「下一時辰」鍵，直到「坤 2 宮」出現大吉的奇門符號。

間的力量。」

我回頭面向學弟說道：「真正精彩的來了！第二個步驟，我們要打開奇門盤，依據你選定好的座位的方位，挑選一個有利的時辰，將桌椅搬挪至我們選定好的位置，調整好座向。也就是利用『奇門遁甲』擇吉時，來啟動及催發我為你所調整的座位。」說完，我從包包裡拿出我的羅盤測量方位，同時打開手機裡的奇門排盤軟體。

「根據你房間的中心位置下羅盤測量，你辦公桌要移動到的位置，剛好落於西南方位。我依照此方位，鎖定奇門盤裡對應西南方位的坤2宮，今天是星期三。」我繼續撥著奇門盤，看著坤2宮一直往下一個時辰選，一直選到這個星期五，也就是後天六月十九日下午一點至三點，這時坤

2宮內出現「六合＋開門＋戊＋丙」，是為大吉的符號，則此時即為大吉時。

我接著說道：「八門主人事，『開門』是個大吉門，最有助於工作事業的開拓發展，公司企業能越開越大，經營得有聲有色，正所謂『開門大吉』，舉凡開店面、開公司、開工廠的選『開門』所坐落的宮位最棒了！天干中的『戊＋丙』為青龍返首格，在奇門中列為第一吉格，最宜求官、求財、出行、遷移、開店等，均大吉大利。此宮位中又臨八神中的『六合』吉神生助，六合是一種貴人，六合代表媒合，合作，團結，它可以主導事物的興盛和前進。如果有六合的助力，事情合作便很容易溝通和順暢。」我邊說，學弟越聽越樂，彷彿看到未來的事業將蓬勃發展，前景一片光明，嘴巴笑得越來越開（不過我覺得，嘴巴最好閉起來，不然，看起來真的有點像白痴。）

結果不到兩個禮拜，馬上聽到學弟傳來的好消息，說他一移完辦公桌的下個禮拜，就接到一家台灣最大商業媒體的專訪，讓公司知名度大開，之後生意越做越大，合作案接連不斷，員工越請越多人，創業第四年，就與一家全球最大的廣告公司談合作、談合併，當然，我也為他感到非常開心！

在正確的時間，開始做一件事是非常重要的，太早或太晚都不恰當。奇門盤裡的符號，象徵著天上日月星辰的能量，會隨著時間而變動。當我們已經選好了擺放辦公桌的位置、方位及朝向，下一步就是挑選一個吉時來催發或啟動這個座位的作用。

除了將我們所處的一方天地，打造成一個對我們有利的形勢格局之外（空間），我們還需要為它貫注或接收一股對我們有利的能量（生炁）。舉例來說，任何的裝置，實體要動起來，除了要有那個裝置實體（體），還必須有一個作用力加之於這個裝置。好比推動一台汽車，不管你是在車後推車，還是啟動引擎發動它，都需要有一個作用力或能量，才能使汽車動起來或運轉起來。

當我們明白了這個原理之後，更重要的是如何引導這股能量來為己所用。**其中最重要的關鍵，就是要掌握這股作用力（能量）剛剛發動，即將加速之時（時間），以及在哪裡發動（空間）**。好比車子剛要發動時，你正好跳上往你想去的方向的車子，搭上了順風車，隨著車子的加速，借力使力，花比較少的時間、力氣，就能到達目的地。如果能這樣做，它就能使我們的生活、我們想做的事，能生發茁壯、越做越大，能事半功倍！

圖 7：懂得趁機（掌握時機）跳上車的奇門犬，花比較少的時間力氣就能到達目的地。

所以我們先以「形家風水」找到有利的室內位置，形成「左有靠、後有靠、龍過堂」的格局形勢，再根據奇門遁甲找到對應方位的時辰，趁一股吉炁（吉門）即將要在該方位發動的時間點，搭上車，將辦公桌擺上。又因這個形勢格局為「龍過堂」，能將此股吉炁收攏聚合，助我事業順利，與員工、客戶，上下一心、左右逢源，自然能得機得勢，事半功倍，生意興隆，財源廣進。

運用奇門開運，轉變運勢就是這麼簡單！只要簡單二個要訣、二個步驟，就可以借天地之炁為我所用，助您提升運勢，事半功倍，心想事成。

更進一步，除了藉用「天時、地利」，若能再加上「人和」，讓人的努力及行為做事能順應時空，與天地相應共振，自己與宇宙時空合為一體，我即是宇宙，宇宙即是我，就能直接獲取天地宇宙的訊息與能量，使得宇宙高層次的能量源源不絕地融於我體內，助我們辦事事半功倍，心想事成！

這就是本書所要傳達的奇門遁甲「六次元改運術」，從六個面向（調座位、擺物品、拆東西、走吉方、做動作、煉自身）、三個角度（天時、地利、人和），三百六十度全方位的改變您的運勢。

所以本書共分七堂課，第一堂課是屬於基礎理論部分，後面六堂課分別介紹奇門遁甲「六次元改運術」，包含：1調座位、2擺物品、3拆東西、4走吉方、5做動作、6煉自身。對於沒接觸過東方玄學的朋友們，強烈建議先從此章讀起，雖然風水及奇門的專有名詞、觀念，對大多數人來說有點陌生、艱澀，但只要細細研讀、對照圖片，一定能看得懂的！看完後，對於「風水」及「奇門擇吉」必有所得。

第一堂課：「形家長眼法」風水與「奇門遁甲」帝王之術。

主要介紹重要的基礎理論，介紹近年來風行於中、台之間的風水祕法「形家長眼法」風水（空間占地利）及「奇門遁甲」帝王之術（時間得天時），後面的六堂課皆以此為延伸擴展。

而接下來的第二、三、四堂課，主要是介紹奇門遁甲「靜態的地利」方面的應用，跟「房子的風水」有關的改運法，包括「調座位」、「擺物品」及「拆東西」，屬於比較持續性、長期性的運勢改變。

例如想提升這段時間或今年的感情、工作、錢財方面的運勢，是一種能量位階的提升，我們可以用「調整座位」及「擺吉祥物佈局」這兩種方式來改變運勢。不僅如此，坐對位置，擺對物品，固然可以提升運勢，但在房子的方位裡擺了錯誤的物品，也可能影響運勢及健康。家裡的方位裡若有擺設不對的東西，也應丟棄、拆除或移走至別的方位，才不會造成不利的影響。

第二堂課：家居、店面、公司擺設開運法。

介紹如何運用上述二個要訣「占地利，得天時」於家居、店面、公司的擺設，只要移動一下家居物品的擺設，就能達成家居生活的健康和諧、店面生意的興隆，公司企業能鴻圖大展，包括居家臥室的床位擺設、書房書桌的擺設、公司辦公桌的擺設及店面收銀台擺設等室內佈局。

第三堂課：風水佈局開運法。

除了床位、書桌、辦公桌、收銀台的挪移擺設，我們還可更進一步的在家裡、店面或辦公室裡擺風水物佈風水局，來增進夫妻的感情，或催文昌、催官、催財，這是一種定向的開運方法，擺特定的風水物、佈特定的風水局，以達成心想事成，自己想要什麼自己催，自己DIY佈風水局。在子奇老師上一本書《九宮奇門》裡，約略談到桃花局的風水佈局法，這堂課我們將完整揭露「夫妻感情和睦、考試金榜題名、事業官運亨通、財富豐足滿盈」四大局的佈局方法。

第四堂課：斷捨離改運法。

想要運勢順利、心想事成，還必須進行減法生活，將家裡、店面、辦公室裡，造成心想事不成的阻礙物品挪開、丟棄，進行一番整頓及清理。不能只吃補藥，還得去病，否則虛不受補。這堂課要介紹哪些物品擺在家裡不對的地方會影響家庭或事業的運勢，東西舊、髒、雜亂，擺錯東西、擺錯位置，也會影響運勢，造成我們精心佈置打造的環境事倍功半，功虧一簣。

基本上，奇門遁甲「六次元改運術」改變運勢的方式可以分為三大類型，除了上述三堂課是屬於「靜態的地利」方面風水的應用，第二種類型是屬於「動態的人和」方面的應用，跟「人的行為」有關，屬於比較臨時性的、短期性、或一次性的運勢提升。

例如：明天約客戶談保險想成交，後天要考試了想考好，下個月有一場重要的新產品發表會想要產品賣得好，約了個女孩想告白成功，這筆生意想談成……等等。這是針對短期的或一次性的特定事項，想要事半功倍，快速達成目標的方法，我們可以用「走吉方」及「做動作」這兩種方式來改變運勢。

因此在本書的第五、六堂課，則專門介紹奇門遁甲「動態的人和」方面的應用，包含「走吉方」及「做動作」，跟「人的行為」有關的改運法。

第五堂課：出行辦事開運法。

這堂課延續子奇老師上一本書《九宮奇門》裡談到的大名鼎鼎、赫赫有名的「奇門遁甲出行訣」又名「大氣造運術」。除了家居、店面、或公司靜態的奇門風水應用，奇門還有動態的出行應用，舉凡接洽客戶、銷售談判、開市開工、考試面談、投資買賣、相親結婚、求醫祛病、拜拜祈願，出差旅遊等等，奇門遁甲還可以幫助您選擇有利的時間及方位出門辦事，讓您提升運勢，辦事事半功倍，心想事成。

我們在這本書裡，不僅會深入介紹，舉更多實際應用例子，讓讀者徹底掌握「奇門遁甲出行訣」的應用，還會介紹依辦事所需時間的長短，如何來選取「時盤、日盤、月盤、年盤」奇門四盤的應用時機。除了有特定的事項要出門辦理，可以用「奇門遁甲出行訣」來選擇吉時吉方辦事；平時沒事時，本堂課還特別介紹神奇的三大應用，包含「跑步散步增運法」、「喝水納吉法」、「度假改運法」。運動、喝水、度假就能改運增運，傑克，這也太神奇了吧！

第六堂課：行為風水開運法。

為了提升出行辦事的效果，這堂課將首度對讀者公開，子奇老師在「奇門遁甲大師研究班」上課時的大絕招——**行為風水改運法**。行為風水是當我們起出特定的奇門局後，讓辦事者在特定的時間、特定的方位或地點，去做符合宮內符號象意的行為方法（行為、動作、聲音、心念、想法）。方是方向，也就是空間；法則是行為，也就是心裡與意念、與自身、與外在的行為。奇門攜帶著天上日月星辰，地上山川大地的能量，如果我們的身口意，能與之相應共振，則將大大地提升自己的能量，攻無不克，戰無不勝，增加辦事成功的勝算。

第三種類型也是屬於「動態的人和」方面的應用，也跟「人的行為」有關，不過是屬於長遠地、徹底地改變命運，從自身的改變做起。人除了靠自己的努力（人助），再加上高我（神助）的提拔，才能改變得快，改變得徹底。奇門是一門修煉學，奇門修煉以人體為奇門盤，把人體視為一個小宇宙，在做人體的改造，藉由改變「自身的行為」（身）、「情緒的平衡」（心）、「認知的提升」（性），與「外在大宇宙」（神）相應共振，從而汲取天地的訊息與能量為己所用，根本徹底地造命改運，以達成人生幸福的終極目標。

因此在本書的最後一堂課，第七堂課中，則專門介紹「煉自身」方面的應用，跟人的「覺醒與開悟，蛻變與揚升」有關的改運法。

第七堂課：造命改運法。

真正要改變命運，根本解決之道還是要從自身的改變做起，奇門不僅可以藉由外在形勢的改變，來提升自己的能量，還可以徹底造命改運。人體為一個小宇宙，外在的天地為一個大宇宙，本堂課程首度公開釋出天人合一，以人體為奇門盤，如何在地盤、人盤、天盤與神盤相應共振，汲取宇宙的訊息與能量為己所用，達到「宇宙在我心中，我在宇宙之中」，我與宇宙同體同源，息息相通，和宇宙萬物共振、共鳴，交流能量與訊息。

第1堂課

「形家長眼法」風水與「奇門遁甲」帝王之術

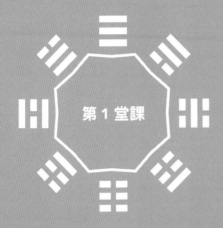

第一節 「形家長眼法」風水

在前一章「寫在前面」中，我們介紹了辦公室的座位如何擺放，而這套學理及方法，實取自於近年來風行於中、台之間的風水祕法——「形家杖眼法」。「形家杖眼法」又稱「形家長眼法」，顧名思義，也就是這派風水的堪輿祕法，只靠風水師的一雙眼睛就可以依房子的形勢格局，龍虎邊的強弱、前後的高低，來斷陰陽宅分別所住之人的財、丁、貴、壽。世界上所有風水門派，只有「形家長眼法」最重視巒頭，深諳形勢之道，不用羅盤就可以論斷，極其神準。我們這個單元要先來介紹有關「形家杖眼法」風水的一些重要名詞及應用的觀念。

龍虎四勢

所謂龍虎四勢，就是「左青龍、右白虎、前朱雀、後玄武」。在形家風水中，我們以房子（論外格局時）或座位（論內格局時）為中心點，房子或座位的前面稱為「朱雀方」，又稱為「明堂」，代表未來，象徵事業前程的未來發展；房子後面

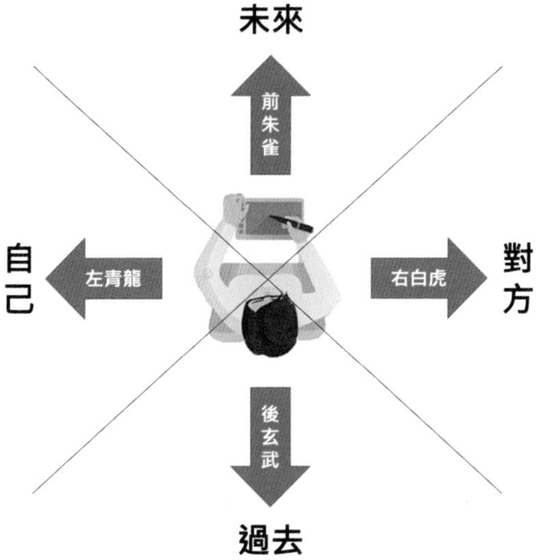

圖 8：左青龍、右白虎、前朱雀、後玄武，龍虎四勢示意圖。

稱為「玄武方」，代表過去，象徵長輩、祖蔭、上司、支援、背景，背後是否有人給你撐腰。而房子左邊稱為「青龍方」，代表我方、代表我自己；而房子右邊代表對方、可代表配偶、員工下屬或客戶，稱為「白虎方」。

形家風水形勢格局的要求

形家風水要求房子後邊玄武方要有靠山，左邊龍邊的地形地勢長而高，而且往前方延伸，環繞過正前方的朱雀方（明堂），右邊虎邊則略低而短於龍邊，最後在右前方形成一個缺口，這種左右環抱的形勢，正是「形家長眼法」最基本最核心的形勢格局：「**後有靠，龍強虎弱（龍邊高且長於虎邊，高長曰強，短低曰弱），**

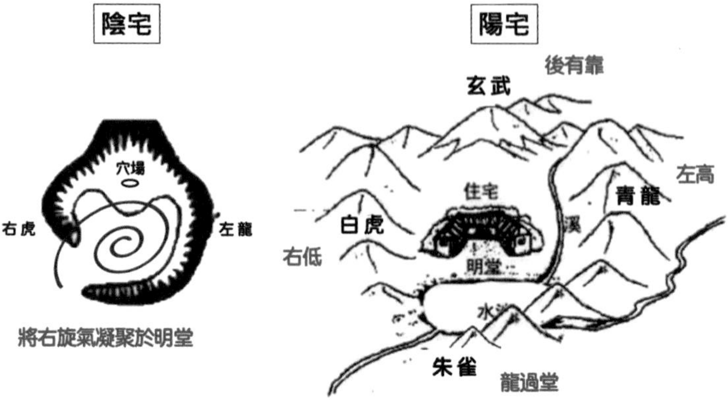

圖 9：形家風水的形勢格局要求：玄武方有靠，龍強虎弱（左龍高環抱較低的右虎），龍過堂（由龍邊延伸繞過明堂），能將右旋氣凝聚於明堂，故風水云：「藏風聚氣，使之不散。」

龍過堂（由龍邊延伸繞過明堂）」。

這樣的形勢格局是用來能順利地納入因地球傾斜23度半，以及地球自轉自然形成的右旋氣流，而且由於左邊龍邊較高較長，環抱右邊較低較短的虎邊，龍虎有情，又能將右旋氣凝聚於明堂，使之不會離散。

這就是形家風水標準形勢格局的要求：「前有照，後有靠，左右有抱，龍強龍過堂。」

格局要求一：玄武方有靠

玄武方有靠，即房子或座位的後邊要有得靠，在形家風水的形勢上，這是很重要的一環。在外格局上，陽宅房子的後面

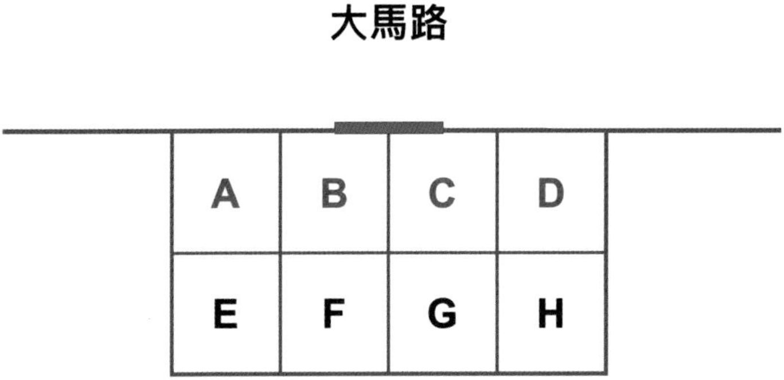

圖 10：如果選房或選店面，「A、B、C、D」宅後有靠，優於「E、F、G、H」。

代表後援、依靠及支撐，是否能有祖蔭，得到祖先、父母、長輩、貴人的庇蔭及幫助，也象徵後代子嗣，一家人人丁是否興旺。

如果後方玄武有靠，代表家大業大，家族面臨大變動時，能有後援，或有貴人相助；角逐大位時，能從中勝出；晚年有依靠，子孫滿堂，老有所養。若無後靠，代表家族沒有人事背景，凡事得靠自己努力，沒有人幫，若事業有成，則是白手起家。

如果選房或選店面，若以圖10為例，以大馬路及大樓的大門為向，選「A、B、C、D」宅較好，因為前方靠馬路的「A、B、C、D」每一戶宅，後面分別有「E、F、G、H」的房子為靠，而「E、F、G、H」宅的後方是空盪盪的一片，沒有其他建築或房子可以依靠，稱之為玄武空，後無靠。

以內格局而言，當人坐在桌後或躺在床上，座位或床位的後面要有房間（實靠），且緊臨實牆或高的傢俱（如書櫃、衣櫃），這稱之為後有靠，或玄武方有靠。在工作上，辦公桌座位的後方有靠很重要，因為，後靠就是有依靠、支援、支撐、有靠山的意思，想當主管、老闆、或坐大位，都須後座有支撐才坐得穩，後援源源不絕，立於不敗之地。在家裡，床位的後方，床頭也要有靠，因為後靠也象徵人丁、後代子嗣，如果後有靠，這一家族人丁興旺，晚年有依靠；床位後方沒有靠、或床位後方還有沖射，女人生不出男孩，或懷孕易流產。

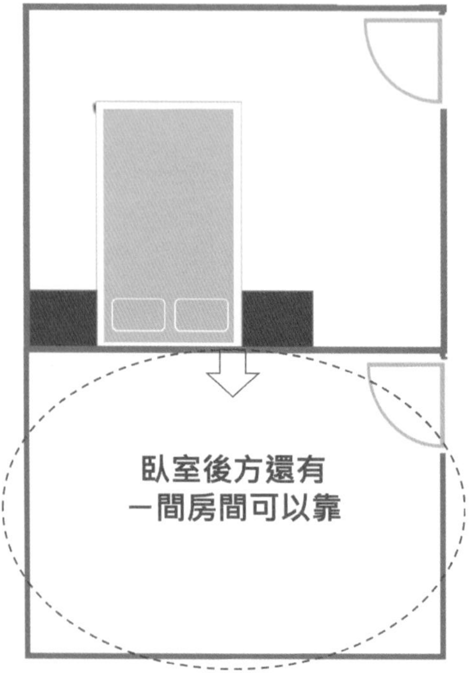

圖 11：床位的後方玄武方有靠，臥室的後方還有一間房間可以靠。

當人躺在床上，床頭的後方，就為玄武方，以圖11為例，床位緊臨後方實牆，床的後面還有一間房間，這稱之為「實靠」。

如果臥室後方沒有任何房間，而且床後方是窗戶，或外面就是庭院或馬路了，化解的方法就是自己在床後加一堵牆，把窗戶給封起來（還有別的方法，課堂上另外教授），讓床頭緊臨實牆，或者簡單一點，在床的後方加個高的傢俱，如書櫃或衣櫃。這雖不像有個房間可以實靠，但也比床後方沒有任何後靠來得好。

格局要求二：龍強虎弱、親龍疏虎

除了「玄武方有靠」，形家風水還非常注重龍、虎二邊的形勢變化以及相對的強弱，要求符合「龍強虎弱、親龍疏虎」的大原則。要求「龍強虎弱、親龍疏虎」，是因形家風水裡，龍邊象徵男性，虎邊象徵女性，龍虎邊也象徵行動力及意志力，龍邊強勢，男人則氣勢強旺，有自信、態度積極，負責任，在外有擔當，能專心打拚事業，有成就。反之，龍邊弱勢，則男人沒自信，消極懶散，沒有擔當，不負責任，得過且過，難有成就。

如果龍邊空而弱，而虎邊又強勢，則女性具有陽剛男人的特性，夫妻之間，女強男弱，妻子氣勢凌駕於丈夫之上，在家女人說了算，甚至在外女人成就高於男人，這種女強男弱，一面倒的形勢，陰陽顛倒，長期下來，很容易演變成夫妻失和，造成離異。

在工作關係裡，龍邊象徵老闆主管，虎邊象徵員工下屬或客戶，若龍邊強勢，老闆有氣勢，有創意，態度積極負責，員工聽老闆的，老闆有自信，有決斷力；與客戶的關係上，我方氣勢能壓過客戶，掌握客戶，我方處於優勢，談判合作時對我有利，企業易賺到錢。

反之，如果龍邊空而弱，而虎邊又強勢，則老闆管不動員工，員工強勢，與老闆唱反調，抗上忤逆；在企業經營上，客戶氣勢壓過公司，砍公司價格，客戶說了算，我方處於弱勢，委曲求全，企業不易賺到錢。

那什麼叫強勢？什麼又是弱勢呢？只要是長、高、近，皆稱之為「強勢」；反之，短、低（或空）、遠，稱之為「弱勢」。

強與弱也是相對的，形家風水在都市的陽宅裡，如果我們所居住或工作的房子，其左右兩邊的地形地勢或建築符合以下的情況，則房子的外格局稱之為「龍強虎弱」的形勢格局。

●我房子左龍邊的建築物或房子要「高」於右虎邊的，或；
●我房子左龍邊的建築物或房子要「長」於右虎邊的，或；
●龍邊的地形地勢要高於虎邊的。

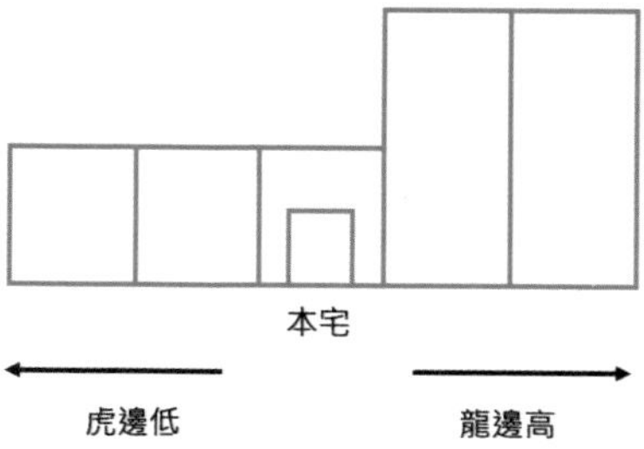

圖 12：左手龍邊的住宅高於右手虎邊的住宅，龍高虎低，形成龍強虎弱的格局。

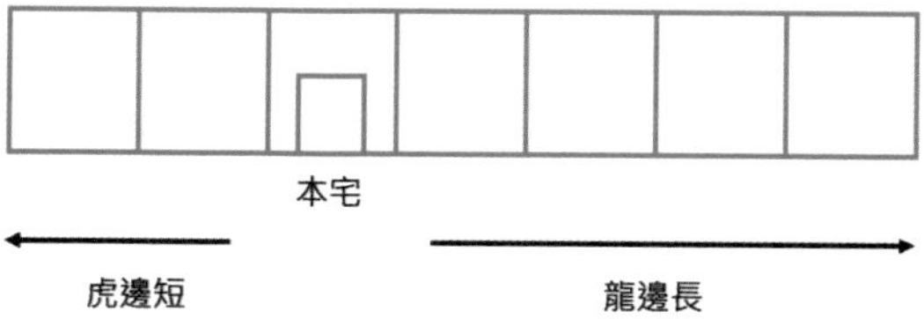

圖 13：左手龍邊的住宅戶數多於右手虎邊的住宅，龍長虎短，形成龍強虎弱的格局。

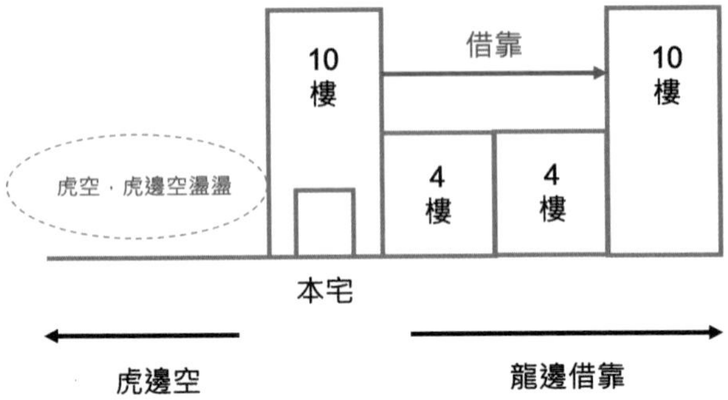

圖 14：左手龍邊隔兩戶就有同樣高的大樓當借靠，而右手虎邊空盪盪一片或是臨馬路，龍邊有靠虎邊空，空論低，也一樣形成龍強虎弱的格局。

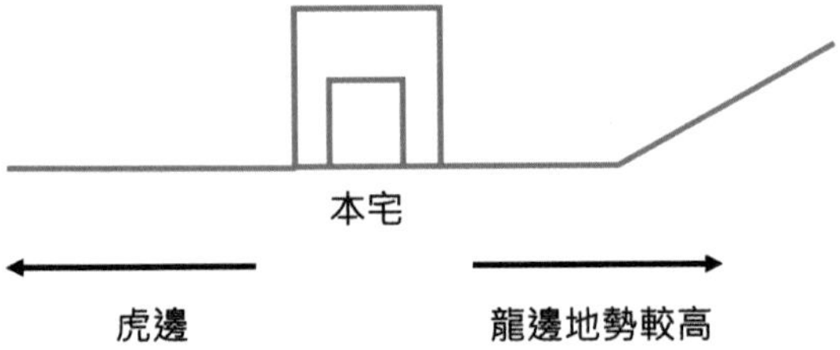

圖 15：左手龍邊的地形地勢要高於右手虎邊的，龍高虎低，形成龍強虎弱的格局。

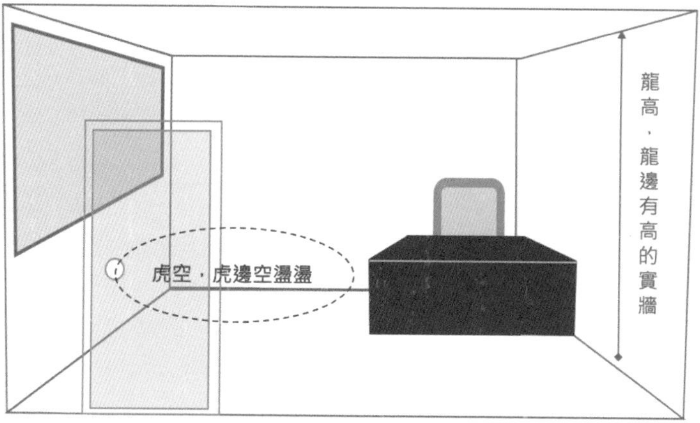

圖 16：辦公桌左手龍邊「緊靠」實牆，右手虎邊空盪盪的，龍邊有靠虎邊空，形成龍強虎弱的格局。

在內格局上，跟外格局同樣的原理，只不過外格局是以我們的「房子」為太極點，比較左右的房子或建築物的「高低、長短、近遠」；而內格局則換成以我們的「座位或床位」為太極點，一樣比較「座位或床位」左右的「高低，近遠（或親疏）」來論強弱。有牆壁論高，空空的或有窗戶則論低；或比較左右邊傢俱的高低大小多少，傢俱「高、大、多」論「強勢」，傢俱「矮、小、少或空」論「弱勢」。

若我們房間內的座位或床位符合以下的情況，則房間的內格局也稱之為「龍強虎弱、親龍疏虎」的形勢格局。

- 當人坐在桌後或躺在床上，左手龍邊有實牆且沒有開窗，或左邊有傢俱（如書櫃、衣櫃）高於右邊，然後

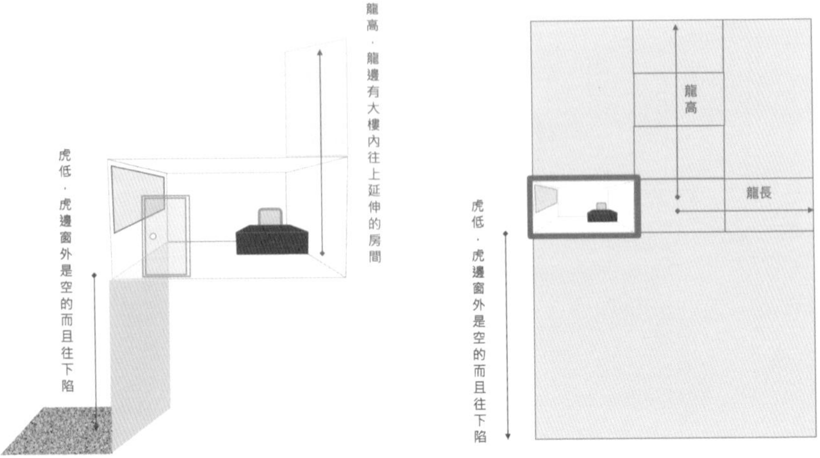

圖 17：以房間為單位來看，龍邊靠著實牆，龍邊牆外有往上或往左延伸的房間可靠，而虎邊窗外是空的且往下陷（有開窗論低），內牆論高、外窗論低，形成龍強虎弱的格局。

座位及床位「緊靠」強勢的龍邊，或離龍邊「近些」，而離弱勢的虎邊「遠些」（稱之為「親龍疏虎」），無論是「緊靠」或「靠近」強勢的龍邊，這兩種情況也都屬於「龍強虎弱」的形勢格局。

以內格局而論，房間裡有牆的一面論高，有窗的一面可論低。座位或床位的擺放就要靠有實牆的龍邊近些，而離虎邊遠些，形成「龍強虎弱」、「親龍疏虎」的形勢格局。

結論是，形家風水要求符合的第二個重要原則就是，①不僅龍邊要強於虎邊，而且②座位或床位要盡量靠

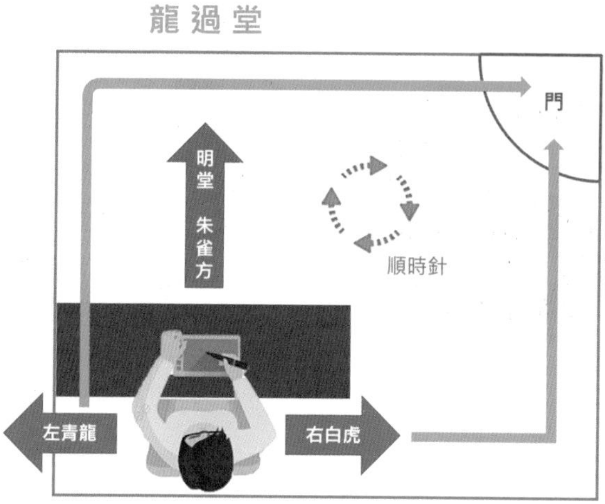

圖 18：由左手龍邊開始，牆壁若能以順時針方向，環繞越過座位前方的明堂再出門口，這房間的形勢格局就是「龍過堂」。此時炁場被包覆，造成順時針旋轉，而門口恰會出現在座位的右前方。

近強勢的龍邊，達成「龍強虎弱」、「親龍疏虎」的形勢格局。

格局要求三：龍過堂

「龍過堂」是形家長眼法最最重要的形勢格局，不僅在外格局，自己的房子（太極點）與周遭四面八方的建築物、地形地物，最好都能形成「龍過堂」的形勢格局。而在內格局，辦公室裡的辦公桌、臥室的床位、書房的書桌、店面的收銀台，它們的位置在房間或房子裡，最好也要能形成「龍過堂」的形勢格局。

以內格局而言，當人坐在辦公室的辦公桌後、躺在臥室的床位上、坐

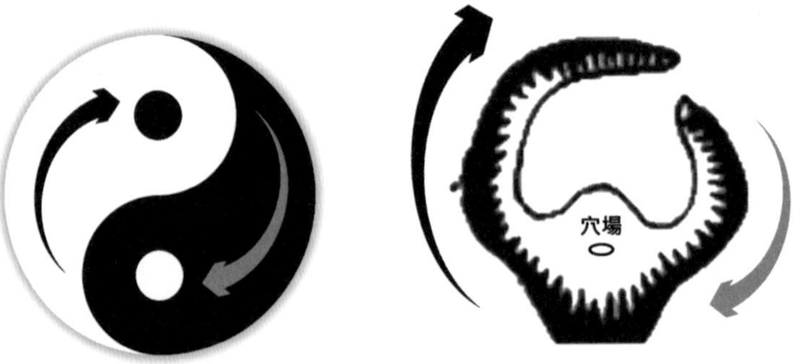

圖 19：形家風水龍強虎弱且龍過堂，正是體現太極圖裡陰陽二元對立又相生共存的平衡之道。

在書房的書桌後、人站在店面的收銀台後，便以此為基準點（太極點）。所謂「龍過堂」就是以人為中心點，由左手龍邊開始，牆壁能從順時針方向，環繞越過座位前方的明堂再出門口，而門口恰出現在坐下、躺下、站著的朝向的右前方處。

形家風水在觀察房子左右、龍虎邊的地形地勢之間的比較變化，就是太極圖裡陰陽二炁在風水上的應用。龍虎邊比對強弱、高低、長短、勝負，是二元對立競爭式的，但陰陽二元論，既存在二元對立矛盾，也存在著萬事萬物難以分割的一體兩面，是共生且相依存的，是陰陽需平衡的。

為什麼「龍過堂」在形家風水裡這麼重要呢？因為「龍過堂」就是體現陰與陽的相異而共存、相生而流變、陰陽之間的平衡，並體現傳統社會人際關係的互動常態。

在夫妻關係上，龍邊象徵男性，虎邊象徵女性，男主外，女主內，男性陽剛，女性陰柔，為男女之本性，乃天地陰陽之道。所以龍邊形勢比虎邊的要強，較高的左龍又要能越過前堂環抱較低的右虎，猶如男人左手臂將女人環抱摟在懷裡護衛，男女有情，陰陽協調。這樣男在外能安心打拚事業，負責經濟來源，女在家能專心持家教養，照顧兒女，夫妻各盡其責，互相扶持，和睦相處，在風水上又能藏風納炁，聚之使不散。

在工作上，龍邊象徵老闆或主管，虎邊象徵員工、下屬或客戶，若辦公室老闆主管的房間能擺設或調整成「龍過堂」的形勢格局，則老闆主管與員工能上下同心合力，團結一致，無往而不勝，使客戶與公司之間，能關係和諧，合作良好。

這種空間上的形勢造局（我們將形家風水應用於房子內格局，諸如辦公室、書房桌位的擺設、臥室床位的調整、店面收銀台的設置），若能再加上時間的催發啟動（使用奇門遁甲計算時空能量，了解吉炁於何時在該方啟動），透過這兩者的結合，在正確的時間把桌位、床位、收銀台擺放於對的地方，以搭上這股生發之炁，並將它包覆圍繞於我工作，休息，生意的地方，聚之使不散，就能夠大幅度的改善及提升我們在工作事業、夫妻感情、店面生意方面的運勢！

格局要求四：朱雀方（明堂）開闊明亮

朱雀方又稱之為「明堂」，「明堂」是一個廣義的名詞，代表著房子前方的區域。

居家風水基本上有「內明堂」及「外明堂」的分別，「內明堂」指的是你家的院子，樓房的話就是指玄關或前陽台。外明堂則是指房子外面的空地；而在以房間為單位時，例如辦公桌、書桌、或床位前面的「空間或區塊」，也是「明堂」。

在「龍過堂」的外格局上，「朱雀方（明堂）開闊」，即陽宅房子的正前方開闊無阻擋、地勢平坦有空地，可使得入堂的氣旋，得以凝聚堂前而不去，又可兜收吉炁，進而引至陽宅房子裡，與地炁交匯融合。

在居家，尤其是公司或店面風水中，「明堂」又象徵著賺錢與存錢能力，且主掌全家人或企業的運勢、事業、前程，象徵未來的發展潛力。所以「明堂」宜開闊明亮，若明堂狹窄閉塞，勢必象徵此家人或企業的前途有限，阻礙眾多，開發艱難。所以朱雀方又稱之為「明堂」，若朱雀方開闊明亮，可稱之為「明堂」；反之，若朱雀方暗淡雜亂，那反而應該叫做「暗堂」。

最後，我們總結一下這個單元所介紹的「形家長眼法」風水，在形勢格局的要求上有以下這四點：

1. 玄武方有靠。
2. 龍強虎弱、親龍疏虎。
3. 龍過堂。
4. 朱雀方（明堂）開闊明亮。

若此四點不能完全符合，當優先考慮至少能符合第一或第二點，即「玄武方有靠」或「龍強虎弱、親龍疏虎」二擇一，當然兩者皆具則更佳，倘若又能形成「龍過堂」的形勢格局那就好上加好。最終，再於朱雀方（明堂）前留有一塊明亮乾淨的「空間或區塊」，那就非常完美了。

第二節 「奇門遁甲」帝王之術

「奇門遁甲」號為「帝王之術」，其中最厲害、最神奇的應用，就屬赫赫有名的「奇門出行訣」！這在古代本是應用於戰事，選擇什麼時間出兵、在哪兒排兵佈陣，以期得機得勢，攻無不克，戰無不勝！

大家耳熟能詳的三國演義裡，諸葛孔明在赤壁之戰中，特意選在公元二〇七年某天的夜半子時，向曹操發動攻擊，除了推算天氣借東風，最主要的就是在出兵進攻的方位上，選對了吉時發動攻擊，借助「奇門出行訣」提升勝算，因而戰勝了這千古一役！難怪孔明在三國演義裡說過：「為將而不通天文，不識地理，不知奇門，不曉陰陽，不看陣圖，不明兵勢，是庸才也。」

根據「方位」選擇「吉時」去做事，不管做任何事，想要增加勝算，都可以選擇有利的奇門時空（選擇有利的時間，往有利的方位去做事）來提升運勢，助己心想事成。「奇門出行訣」（又名大氣造運術）流傳至現代的應用，最適合用於商戰，舉凡商務接洽談判、銷售簡報、公司會議、年度計劃發表、新產品上市……等等，只要會用奇門盤選擇有利的時間及方位，去進行這些重要的商業活動、業務，都能幫助您提升運勢，達成目標，完成使命！（可參考筆者的上一本著作《九宮奇門：做決策．卜運勢．看風水．催桃花，人人都可以用奇門遁甲助自己心想事成》，作者子奇老師〔2021〕，春光出版社。）

「奇門出行訣」不僅可應用於「人」在出行辦事的運勢提升（屬於在「人」方面的「動用」），亦可應用於「陽宅」風水方面的改運（屬於在「房子」風水方面的「靜用」）。在上一節中曾提到一個概念，火車要發動了，如果我們知道它在哪裡發動、何時要發動，我們就可以把握時機，在對的地點、對的時間，搭上它，這就叫借力使力，得機得勢。我們可以預先規劃好辦公桌、書桌、沙發、爐灶、神位、床位、收銀台等等，在房子裡最佳的位置，然後運用奇門遁甲計算吉炁，也就是這股生發之炁發動的時間，然後在該吉時將桌子、爐灶、神位、床位、收銀機等安置上去，就可以開啟事業、學業、感情、財富的運勢！

接下來，我們就來認識有關「奇門遁甲」的一些重要觀念及應用的方式。首先介紹在運用「奇門遁甲」時最重要的一項工具——奇門盤。

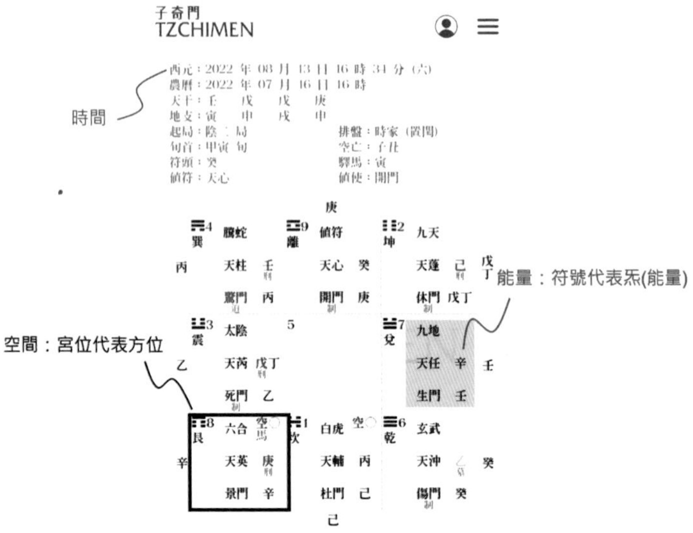

圖 20：「奇門盤」基本上包含三大組成部分：時間、宮位、及符號。

奇門盤

「奇門盤」的三大組成部分：時間、宮位、符號。

「奇門遁甲」其實是一門「時空能量學」，藉由「奇門盤」的排盤可以計算出在什麼時間（時間）、什麼樣的炁（能量）、會在什麼方位（空間）運行或啟動。如此一來，我們便可以依方位，選擇正確的時間，得到該方位好能量（吉炁）的相助，達到提升運勢，身體健康，家庭和諧，升官進爵，發財致富，心想事成的目的。

所以每一張「奇門盤」，基本上包含三大組成部分：時間、宮位、及符號，奇門盤的「宮位」代表「空間」、「方位」，裡面的「符號」代表「能量」。

時間

每一張奇門盤，上面都會標注著一個開盤時間，奇門遁甲依據開盤的時間，是在哪一年、月、日、或時，可以分別起出「年盤」、「月盤」、「日盤」或「時盤」。其中應用最多的為「時盤」，例如要安床位、桌位、神位，或出門赴約談事辦事，想選個吉時，多半用的都是「時盤」。

奇門遁甲的「時辰」是以二個小時為單位，從「子時」開始，子時就是23:00~01:00，丑時是01:00~03:00，寅時是03:00~05:00，依此類推。

在同一個時辰內起出的奇門盤都是一樣的，宮位內的符號皆不會變動，「時盤」是每兩個小時，等於一個時辰才會換一張奇門盤，同理，「日盤」是一天一換，「月盤」是一月一換，而「年盤」是一年一換。

☴4 巽 東南方	☲9 離 南方	☷2 坤 西南方
☳3 震 東方	5	☱7 兌 西方
☶8 艮 東北方	☵ 坎 北方	☰6 乾 西北方

圖 21：奇門盤有九個宮位，分別對應八個方位。

宮位（方位）

在最底層的一張奇門盤像一個「棋盤」，有九個格子，每個格子稱為宮位，整張奇門盤的盤面像小時候我們玩○×遊戲的九宮格，除了中宮為立極點，其餘周圍的八個宮位，分別代表八個方位，這就是空間。

這八個方位上下左右的位置與對應的八卦，是永遠不會變動的，不會隨著奇門盤的排盤或開盤時間而改變，而且這方位跟我們現在看地圖的習慣剛好相反，是上下顛倒、左右相反的。也就是說，九宮裡的上面為南，下面為北，左邊為東，右邊為西，則左上為東南，右下為西北，左下為東北，右上為西南，共有八個方位。

符號（能量）

八門

奇門盤的九宮格裡，還有像「棋子」一樣會隨著開盤時間而移動的符號，分別代表著日月星辰的能量或炁流，而其中最為重要的符號類別為「八門」。

「八門」主人事，是我們在奇門應用於人事上最為重要的一類符號，包含：休門、生門、傷門、杜門、景門、死門、驚門、開門，分別代表吉凶炁，而八門中以「休門、生門、開門」為三大吉門，「景門」為小吉門。

- 休門：休閒和諧，氣氛輕鬆，休解排解，與婚戀家庭、貴人相助有關。
- 生門：蓬勃發展，生生不息，與生意、求財、健康、活力有關。
- 傷門：狩獵追捕，與競技、爭奪、討債有關。
- 杜門：沉潛蟄伏，與隱匿、躲藏、技術學習有關。
- 景門：光明亮麗，與考試、功名、前景、廣宣、喜宴有關。
- 死門：除吊喪、殯葬之外，其餘諸事不宜。

● 驚門：突發驚疑，與口舌、爭訟、演說有關。
● 開門：開拓發展，與事業、開創有關。

我們最主要會用到的好的能量，主要是「休門、生門、開門、景門」。

● 休門（家庭婚戀）：代表休息、休閒、休養，和諧輕鬆沒壓力，心情處在休閒愉悅的狀態，納了這種吉炁，婚姻感情和諧，氣氛輕鬆，家庭生活圓滿。
● 生門（財運健康）：代表生財、財運、身體健康、生氣蓬勃有活力，納了這種吉炁，能帶來財運，身體健康，一家子充滿了生氣。
● 開門（官祿事業）：代表開拓發展、樂觀開朗，積極向上，最利事業與官運，尤其利於開公司、開店面，整個陽宅納了這種吉炁，能帶來事業與官運順遂，開拓發展，事業越做越大。
● 景門（文昌考試）：代表前景光明，未來充滿了機會與希望，尤其最利考試，整個陽宅納了這種吉炁，能帶來光明的前程，充滿了希望，事業學業步步高升。

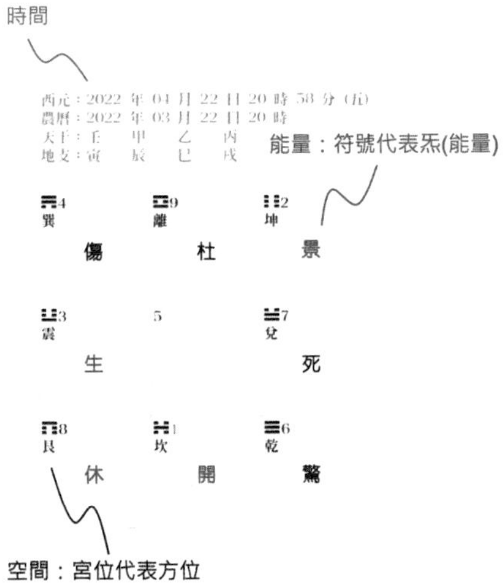

圖 22：奇門盤最重要的符號類別「八門」：休、生、傷、杜、景、死、驚、開，代表吉凶炁。

「九宮」稱為地盤，像棋盤一樣永遠不動，奇門符號「八門」屬於天盤，象徵日月星辰所帶來的能量炁場，隨時間而流轉。太極點坐中宮，整個奇門盤像古代磨米、麥、豆等糧食的石磨一樣，有上下兩盤，通常石磨下盤靜止，而上盤轉動，糧食緩緩入磨眼被磨成粉末，從夾縫中流到磨盤上，過篩去麩皮之後便可得到麵粉。

八神、九星、十天干

奇門盤的天盤上，除了有隨著時間流轉的「八門」符號之外，其他也會隨著時間轉動的，是象徵日月星辰

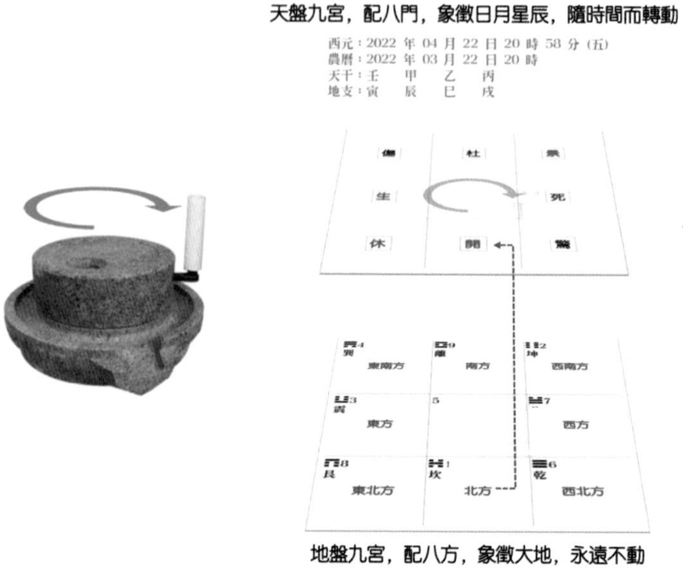

圖 23：天盤九宮配八門，象徵日月星辰，隨時間而流轉；地盤九宮配八方，象徵大地，永遠不動。

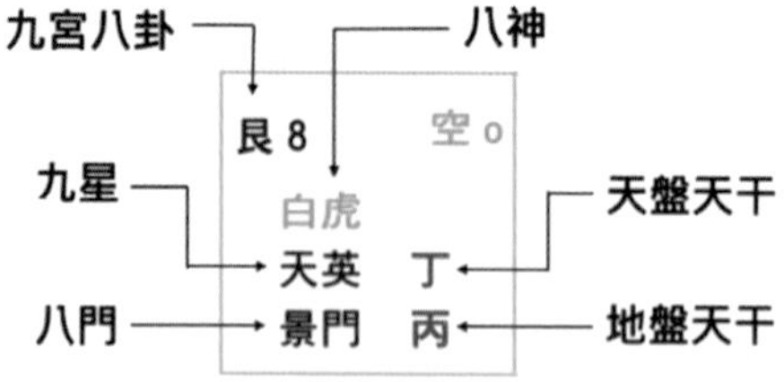

圖 24：奇門五大符號類別：宮、神、星、門、干。

炁場能量的「八神、九星、十天干」三大類符號。

「八神、九星、八門、十天干」這四大類奇門符號，對應著銀河系的恆星系統（十二星座、二十八星宿）、太陽系的行星系統（太陽、金木水火土天海冥等等）、及地月系統，代表天上日月星辰的星體，隨著時間的遞進，發射著「天氣」旋而下降（象徵日月星辰的能量），九宮裡又隱藏著「八卦」，釋放著「地磁」而上升（象徵山川大地的能量），天分春夏秋冬，地分東西南北，時空於焉有了冷熱乾濕的變化。人居天地之間，就受著天上日月星辰星體的「天氣」，以及地上山川大地的「地磁」，天氣與地磁、陽與陰、時間與空間所帶來的能量影響，進而產生了吉凶禍福的運勢變化。

所以整張奇門盤，其實是一張補捉在宇宙時空中運行的天體，其能量場作用於地面上萬事萬物的平面投影，奇門遁甲實際上是「上古文明」或「地外文明」所建立的一個模擬宇宙全息場的立體動態象數模型，蘊含著宇宙時空的奧義。

用「奇門盤」選擇吉時的三大步驟

選擇吉時的目的，一、是為了將我們所規劃好位置的辦公桌、書桌、床位、或收銀台等等安置上去；二、在吉時出門赴約時，能提升運勢，幫我們辦事順利成功。

傳統在奇門遁甲裡，選擇吉時的方法是徒手排出每一個時辰的「奇門盤」，然後一個一個時辰排，一張一張奇門盤找，除了排盤方法非常的複雜，宮位裡吉凶判斷的規則限制又多，所以光要挑到一個好的用事時辰，就得曠日廢時，因此奇門遁甲很難普傳，光排一張盤就令人止步了，更何況去用它。

還好現在拜電腦、手機所賜，很多「奇門盤」的排盤程式被開發出來了，所以我們可以在手機的應用程式商店 App Store 或網路上找到線上排盤程式，打開電子版「奇門排盤程式」來選擇吉時。

不過，即使有「奇門盤」的排盤程式，但一個一個時辰，一張一張奇門盤找，判斷吉凶宮位及時辰的規則限制又多又繁複，既然有電腦有手機，難道不能寫一個程式，把所有規則交給電腦去判斷篩選，讓它幫我找出所有的「吉時」嗎？

坊間的排盤程式或多或少都有錯誤，而且大多都只具排盤功能，子奇老師聽到學員的聲音了，於二〇二一年開發了目前市面上唯一的電子版「奇門曆程式」，只要輸入條件，輕輕一按，可依年、月、日、時，將設定的時間範圍內所有吉時吉方全部顯示出來。

接下來，筆者將介紹如何使用傳統的「奇門盤」選擇吉時的三大步驟，口訣是：辨方位、選吉門、擇吉時。

讀者只要耐心看完，一定可以明白如何用「奇門盤」來選擇吉時的三個步驟。如果真的覺得太複雜，不用擔心，下個單元將接著介紹「奇門曆」，只要一個步驟，就能簡單、方便、快速、正確，一步到位、一鍵搞定如何選擇吉時。

以下是「奇門遁甲辨方擇時」三步驟：

步驟一：測量「目標位置」的方位（辨方位）

步驟二：鎖定宮位，選用吉門（選吉門）

- 「休門」：休憩、感情和睦、貴人（床位）。
- 「生門」：生財、生意財運、健康活力（收銀台）。
- 「開門」：開業開店、事業升遷（辦公桌）。
- 「景門」：前景光明、考試學習文昌（書桌）。

步驟三：開「奇門盤」選擇吉時（擇吉時）

1.打開「奇門排盤」程式（時家置閏），設定「日期時間」後開盤。

2.看「奇門盤」裡鎖定的宮位裡，是否有我們想要的「吉門」，若有，則進行下一步驟，若沒有，則往下一個時辰找，一直找到有為止。

3.宮位內雖有「吉門」，但若有下列情況之一，該時辰也應捨棄不用。

✖宮位內有符號「白虎」或「空O」（空亡），不能取用。

✖宮位內有對應的天干「擊刑」（戊己庚辛壬癸），不能取用。

✖「奇門盤」的時辰若恰巧是「五不遇時」，不能取用。

（請參考下面「『奇門遁甲辨方擇時』速查表」，取紅色的吉門，避開所有代表不吉的綠色。）

接下來詳細示範說明，如何藉「奇門排盤程式」開「奇門盤」，應用此三步驟來找到吉時。

步驟一：測量「目標位置」的方位（辨方位）

首先，用羅盤測量「目標位置」在房子裡的方位，所謂「目標位置」，就是辦公桌、書桌、沙發、爐灶、神位、床位、收銀台等等計劃要擺放的位置。例如圖26，想要安床位，而床位是位於房子中的西北方。

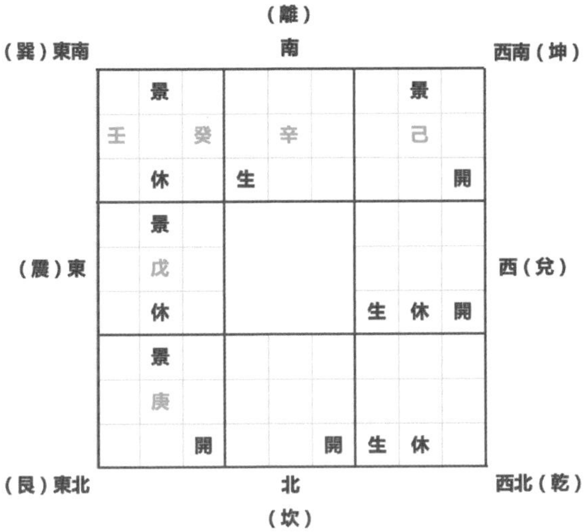

休 休憩、感情和睦、貴人

生 生財、生意財運、生氣健康

開 開業開店、工作事業

景 前景光明、考試學習文昌

干 宮位內有對應的天干【擊刑】，則不宜取用（戊己庚辛壬癸）

- 宮位內有符號【白虎】及【空O】，也不宜取用
- 【五不遇時】，也非吉時，不宜取用

日天干	時天干
甲	庚
乙	辛
丙	壬
丁	癸
戊	甲
己	乙
庚	丙
辛	丁
壬	戊
癸	己

圖 25：「奇門遁甲辨方擇時」速查表。

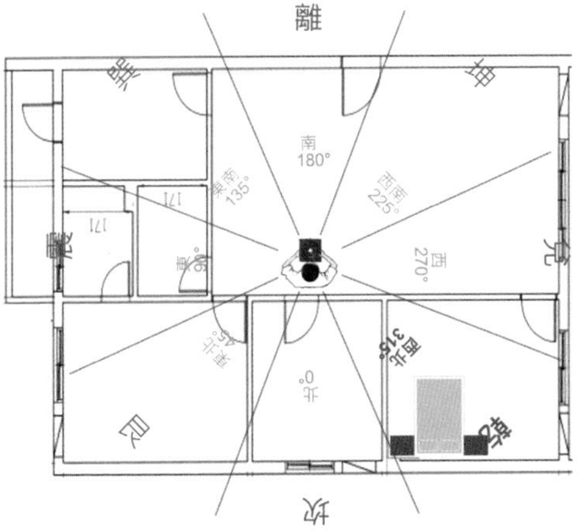

圖 26：第一步驟，先測量「目標位置」的方位（臥室的床位是位於家裡的西北方）。

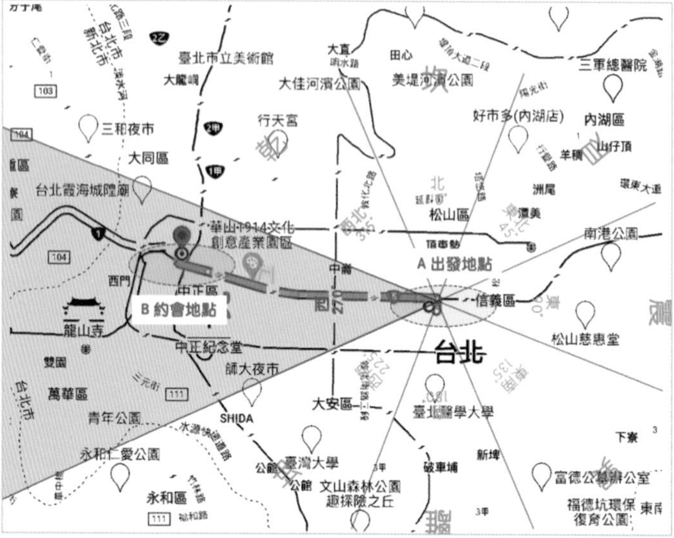

圖 27：第一步驟，先測量「目標位置」的方位（辦事地點位於我公司的西方）。

如果臥室房間夠大，也可直接以臥室為範圍，在房間的中心下羅盤，看床位在臥室的哪一個方位也行。兩者的差別在於一個是「大太極」（整個房子），另一個是「小太極」（整個房間），都行，安辦公桌、書桌、收銀台等等，一體適用。

如果要出門辦事，就打開Google Map，事先在地圖上查找計劃前往辦事的地點，是位於我出發地點（例如從家裡或公司裡出發）的哪個方位。例如圖27，從地圖上看，目的地位於我公司的西方。

羅盤可自行從手機 App Store 應用程式商店下載，簡易能顯示八個方位的羅盤程式App即可，不要下載指南針，因為指南針最多在方位上只標示出一條線。一定要是羅盤，因為羅盤才能清清處處劃分出八個方位，以及每個方位包含哪些範圍。「指南針」只能指出方位南北的度數，每個方位從幾度到幾度，還得自己推算，太麻煩了！

宮位的範圍其實是一個左右各涵蓋22.5度，總共涵蓋45度夾角的扇形空間，像

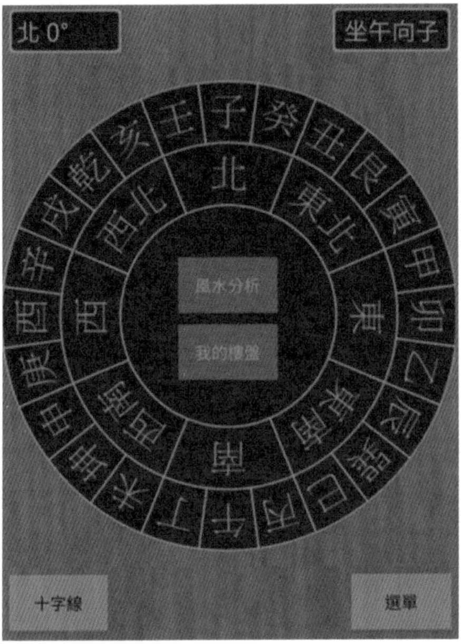

圖 28：從手機 App Store 下載一個簡易的能顯示八個方位的羅盤 App，不要下載指南針。

切一片蛋糕似的形狀。下載的羅盤，最好是只標示八個方位、越簡單越好的羅盤，因為一般專業的羅盤有多至幾十層，沒學習過風水的朋友通常會看不懂。羅盤可以標示出方位45度角的範圍，一個羅盤為360度，劃分整個圓為八個方位，東、東南、南、西南、西、西北、北方、東北，每個方位為45度，像切蛋糕般，可把一個佈局場地（太極場）劃分為八等分。

正北	坎卦	337.5~22.5 度
東北	艮卦	22.5~67.5 度
正東	震卦	67.5~112.5 度
東南	巽卦	112.5~157.5 度
正南	離卦	157.5~202.5 度
西南	坤卦	202.5~247.5 度
正西	兌卦	247.5~292.5 度
西北	乾卦	292.5~337.5 度

然後在房子的中心點（或房間的中心點）打開羅盤，測量「目標位置」（要擺放床位的位置）在房子（或房間）裡的哪一個方位。

房子的中心點很好抓，最簡單的方法就是：數房子長與寬地板上磁磚的數目有多少個？或用走步的方式，計算房子長與寬地板上要走幾步？可以用「走幾步」或「數地磚」的方式大約丈量，然後長與寬各一半的磁磚數或步數的位置，就是房子的中心點了。接著在此處打開羅盤，測量「太極點」在房子的哪個方位就行了。

例如房子的長度為30步（30塊地磚），寬度為20步（20塊地磚），分別除以2，再走一遍或再數一遍，「長15步及寬10步」的地方，就是房子的中心位置了。

如果是出行辦事，那就在Google Map地圖上，看要「赴約的目的地」是位於「出發地」的哪一個方位。

步驟二：鎖定宮位，選用吉門（選吉門）

以圖26為例，床位在家中「西北方」，也就是「目標位置」在房子裡的西北方，接著查看圖29的「奇門遁甲辨方擇時」速查表，先看宮位裡是否有吉門可用，

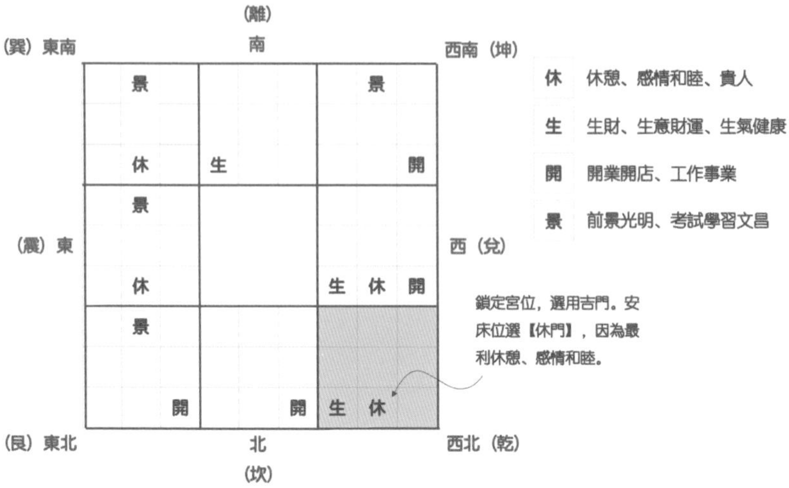

圖 29：「奇門遁甲辨方擇時」速查表（先只看宮位裡是否有吉門可用）。

依據「西北方」鎖定「乾宮」，看該宮位有何吉門，選用適合的吉門。

例如床位在西北方，乾宮裡有「休門」及「生門」可選用，安床位首選「休門」，因為最利休憩、感情和睦。

- ●「休門」：休憩、感情和睦、貴人（床位）。
- ●「生門」：生財、生意財運、健康活力（收銀台）。
- ●「開門」：開業開店、事業升遷（辦公桌）。
- ●「景門」：前景光明、考試學習文昌（書桌）。

如果該宮位裡沒有「休門」，可以改選其他吉門，基本上，吉門都是好的，皆可用，但床位更適合選用「休門」。

另外補充說明：「休門、生門、開門、景門」不是在每個宮位都能發揮作用，若位於不對的宮位裡，有時甚至不吉反凶，有「門伏／門反、門迫／門制」等限制須排除。為了讓讀者易於使用，所以在「奇門遁甲辨方擇時」速查表中，將宮位裡的「門」與「宮」沒有矛盾的才列出，方便讀者查詢。

步驟三：開「奇門盤」程式選擇吉時（選吉時）

接下來，打開奇門排盤程式，選吉時來擺設或調整桌位、床位的朝向。

1. 打開「奇門排盤」程式（時家置閏），設定「日期時間」後開盤。

先確定自己的時間，看哪天有空可以調整桌位或床位，然後打開奇門排盤程式，設定開始查找的日期時間後，開始排盤。奇門時盤是以時辰為單位，每個時辰是兩個小時，一天有十二個時辰，用十二地支表示，每個時辰一律以單數小時起算，例如「巳時」是從 **9:00 am** 開始直到 **11:00 am**。

要使用「奇門排盤」程式，有兩種途徑：

A. 讀者可自行從手機上的 App Store 應用程式商店下載一款「奇門排盤」程式，或找網路上免費的奇門線上排盤程式，但請讀者特別留意，奇門排盤方式眾多，五花八門，

- 起局一定要選「時家（置閏）」起局法。
- 排盤一定要用「轉盤」法。
- 勾選「時家」或「時盤」。

用「時家（置閏）」起局，「轉盤」用排盤法，才是同時考慮太陽與地球公轉的二十四節氣及天干地支時間系統，自古以來這也是最正統的奇門遁甲排盤法。

B. 讀者也可使用子奇老師所開發的電子版「奇門排盤」程式，先輸入網址：app.tzchimen.com 至「子奇門商品服務頁」，按「奇門排盤線上服務」的「開始使用」，就可以打開程式。

子奇老師所開發的電子版「奇門排盤」程式，除了有上一本書《九宮奇門》裡紅吉綠凶計算好分數的「九宮奇門」排盤，還有「陰盤奇門」排盤，以及本書會用到的「時家（置閏）」，「日家、月家、年家」等所有「年月日時」的排盤。

這個電子版「奇門排盤線上服務」程式是採「付年費的訂閱制」，如果有興趣購買訂閱的讀者，可自行上網刷卡購買，或洽詢台北市「心語顧問」：

✦聯絡電話：(02) 27775716

✦電子信箱：info@shinyu.tw。

✦LINE官方帳號：https://page.line.me/?accountId=shinyu.tw

圖 30：電子版「奇門排盤」程式
（網址 app.tzchimen.com）。

圖 31：排盤系統要勾選「時家
（置閏）」。

圖 32：設定「日期時間」，排盤系統是「時家（置閏）」，
最後按「開始排盤」。

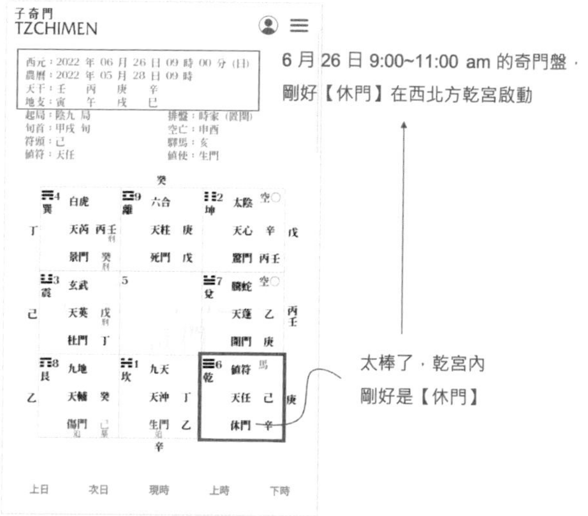

圖 33：6 月 26 日 9:00~11:00 am 的奇門盤，剛好「休門」在西北方乾宮啟動。

2. 看「奇門盤」裡鎖定的宮位中，是否有我們想要的「吉門」，若有，則進行下一步驟；若沒有，則往下一個時辰找，一直找到有為止。

結果運氣太好了，一打開奇門盤，就看到乾宮有「休門」，bingo中了！不過，我們還要再檢查下面第3點，如果通過了，就可以在二〇二二年六月二十六日早上9:00~11:00am安床，將床位挪動至我們先前在臥室裡規劃的位置，並調整好坐向，就大功告成了！

3.宮位內雖有「吉門」，但若有下列情況之一，該時辰也應捨棄不用。

✖宮位內有符號「白虎」或「空O」（空亡），不能取用。

✖宮位內有對應的天干「擊刑」（戊己庚辛壬癸），不能取用。

✖「奇門盤」的時辰若恰巧是「五不遇時」，不能取用。

因為「白虎」為煞神，「空O」（空亡）沒能量，天干在不對的宮位裡形成「擊刑」為刑傷，「五不遇時」，時天干去沖剋日天干，不是好時辰。若有上列情況任一種發生，就得放棄，繼續找下一時辰的奇門盤，一直找到有吉門，又沒刑煞的時辰為止。

在圖34中，二〇二二年六月二十六日 9:00~11:00 am 的奇門盤裡，西北方對應的乾宮里，恰好此時「**休門**」在西北方乾宮啟動，為大吉時，而且：

✖乾宮裡沒有「白虎」、「空O」。

✖乾宮本來就不會有天干的「擊刑」。

✖同時這時辰也不是「五不遇時」。

我們就可以在此時辰內安床，將床位搬動至臥室裡預定的位置並調整座向，就能有利休憩、增進夫妻之間感情的和睦了！

❸ 奇門盤時辰，庚日辛時，也不是【五不遇時】，

五不遇時，捨去不用

日天干	時天干
甲	庚
乙	辛
丙	壬
丁	癸
戊	甲
己	乙
庚	丙
辛	丁
壬	戊
癸	己

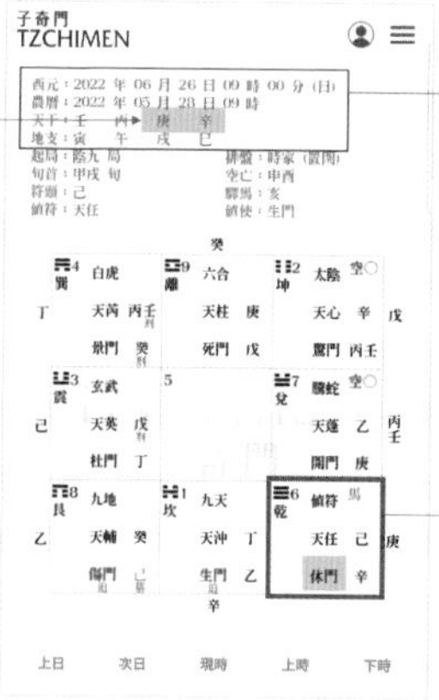

6 月 26 日 9:00~11:00 am 的奇門盤，乾宮有【休門】，但沒有【白虎】【空O】【擊刑】刑煞出現，也不見【五不遇時】，【休門】在西北方乾宮啟動，為大吉時

❶ 宮位內不能見到符號【白虎】及【空O】，

❷ 宮位內也不能見到“戊己庚辛壬癸”的【擊刑】（下表綠字），

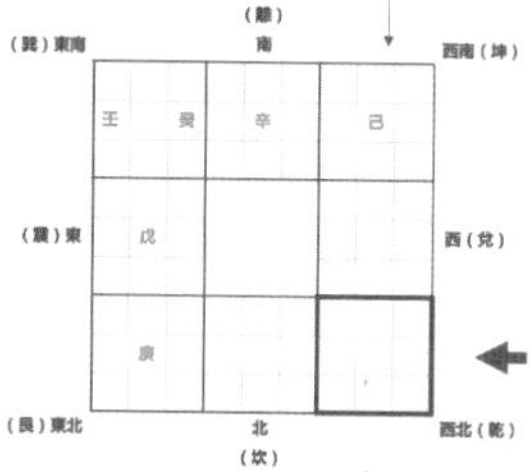

乾宮剛好不會有天干【擊刑】

圖 34：乾宮裡有吉門「休門」，沒有「白虎」、「空 O」、「擊刑」，時辰也不是「五不遇時」。

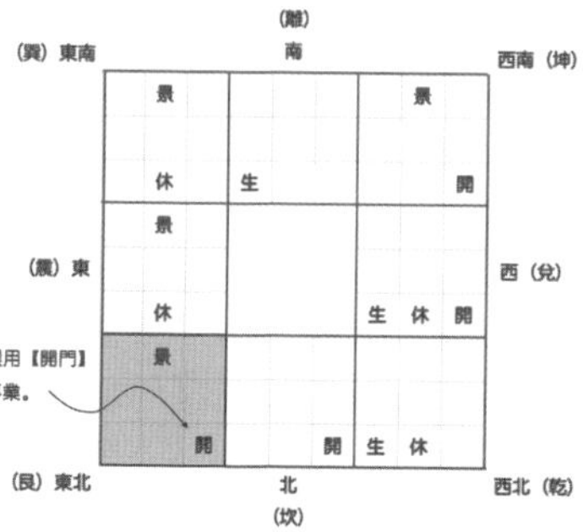

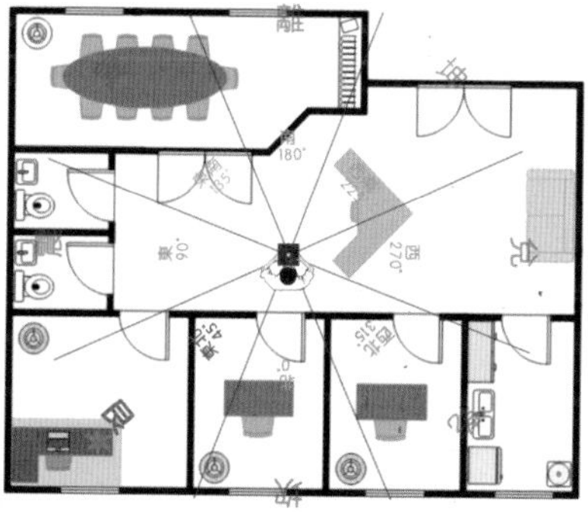

圖 35：總經理辦公室的座位在整間公司的東北方艮宮，剛好有「開門」最利工作事業。

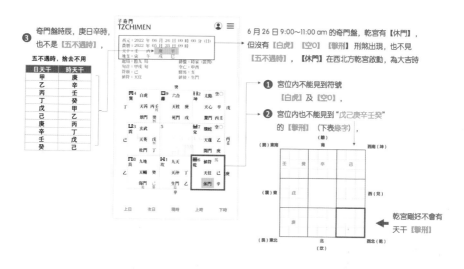

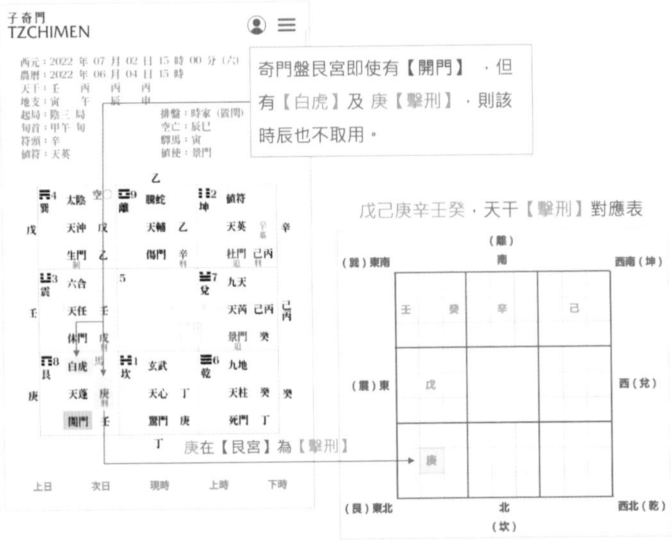

圖 36：艮宮有吉門「開門」，但逢「白虎」及庚「擊刑」，也不能取用。

相反的，如果一個時辰的奇門盤裡，在鎖定的宮位中即使有吉門，但宮位內只要見到「白虎」、「空O」、「擊刑」或時辰為「五不遇時」任何一個特徵，這個時辰就得放棄不用，往下一個時辰去找了。

例如，想在公司的東北方艮宮安辦公桌，鎖定艮宮的「開門」。

但從圖36可見，此時辰的奇門盤裡，艮宮即使有「開門」，但見「白虎」及庚「擊刑」，則該時辰也不能取用。

用「奇門曆」程式選擇吉時

簡單、方便、快速、正確，一

步到位！

子奇老師在教學期間發現，擇時規則繁複，看盤看多了眼花，還容易疏漏看錯，與其讓每位學員重覆一個又一個奇門盤查找所要的吉時吉方，還不如請一個人，根據辦事目的，將一整年四千三百二十張奇門盤所有的吉時吉方找出來，供所有學員或有需要的人使用。所謂「一家烤肉，萬家香」，「一人得道，眾犬升天」。

更勝一籌，現在拜電腦及手機所賜，乾脆一不做二不休，子奇老師於百忙之

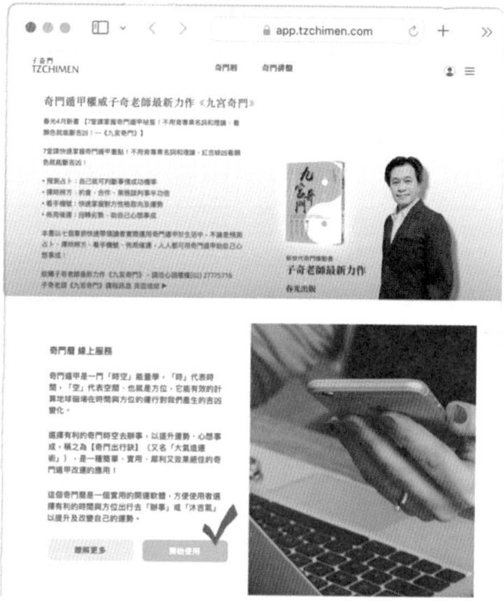

圖 37：電子版「奇門曆」程式（網址 app.tzchimen.com）。

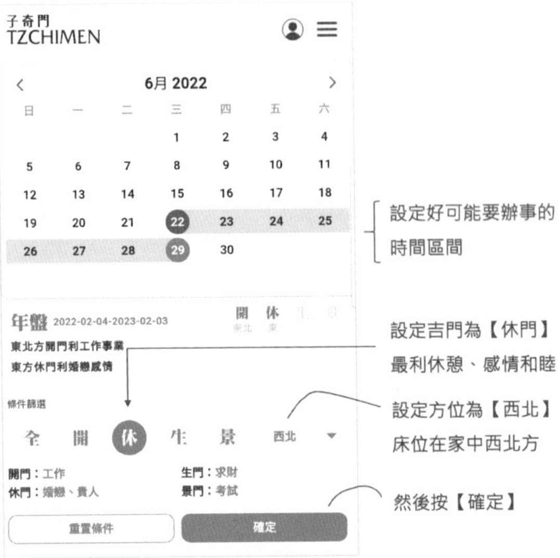

圖 38：設定好條件，時間區間、方位、吉門，「奇門曆」程式就能把所有的「吉時」找出來。

中抽空開發出電子版「奇門曆」程式，這樣一來，只要打開電子版「奇門曆」程式，設定好可能要辦事的時間區間、方位、目的，按一個「確定」鍵，所有在此期間的吉時就全部篩選出來了，豈不美哉？豈不是功德一件？簡單、便利、快速、正確，一步到位，一鍵搞定！

設定好可能要辦事的「時間區間」（例如：二〇二二年六月二十二日～六月二十九日）、「方位」（例如床位在西北方），以及「目的」（休門：最利休憩、感情和睦），然後按「確定」鍵。

設定好時間範圍，「奇門曆」程式就會把這段時間內所有西北方

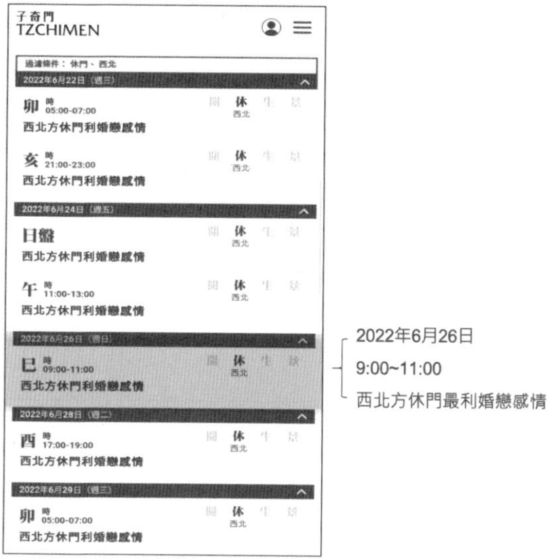

圖 39：「奇門曆」程式把所有西北方是「休門」，且沒有凶格的吉時全部挑出來。

是「休門」的吉時全部挑選出來，你可以輕鬆地從中挑選一個方便的吉時安置床位。例如選在二〇二二年六月二十六日的早上9:00~11:00 am 來安床或調整床位的位置。

更棒的是，所有宮位裡有「門伏／門反、門迫／門制」、「白虎」、「空O」、「擊刑」，時辰是「五不遇時」等限制的、不利的等狀況全部都排除了，既省下大量的時間又避免弄錯看錯！

最後，我們總結一下「奇門遁甲」起「奇門盤」選擇吉時的三個步驟：（或直接改用「奇門曆」來選擇吉時會更有效率，更正確！）

步驟一：測量「目標位置」的方位（辨方位）

步驟二：鎖定宮位，選用吉門（選吉門）

- 「休門」：休憩、感情和睦、貴人（床位）。
- 「生門」：生財、生意財運、健康活力（收銀台）。
- 「開門」：開業開店、事業升遷（辦公桌）。
- 「景門」：前景光明、考試學習文昌（書桌）。

步驟三：開「奇門盤」選擇吉時（擇吉時）

1. 打開「奇門排盤」程式（時家置閏），設定「日期時間」後開盤。
2. 看「奇門盤」裡鎖定的宮位裡，是否有我們想要的「吉門」，若有，則進行下一步驟，若沒有，則往下一個時辰找，一直找到有為止。
3. 宮位內雖有「吉門」，但若有下列情況之一，該時辰也應捨棄不用。

✘ 宮位內有符號「白虎」或「空O」（空亡），不能取用。

✘ 宮位內有對應的天干「擊刑」（戊己庚辛壬癸），不能取用。

✘ 「奇門盤」的時辰若恰巧是「五不遇時」，不能取用。

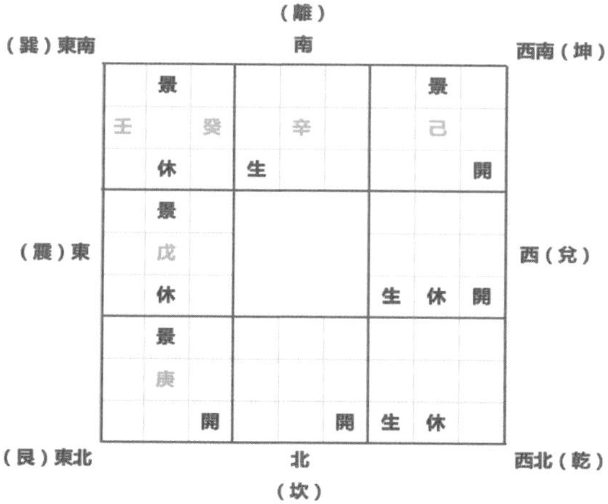

休　休憩、感情和睦、貴人

生　生財、生意財運、生氣健康

開　開業開店、工作事業

景　前景光明、考試學習文昌

干　宮位內有對應的天干【擊刑】，則不宜取用（戊己庚辛壬癸）

- 宮位內有符號【白虎】及【空O】，也不宜取用
- 【五不遇時】，也非吉時，不宜取用

日天干	時天干
甲	庚
乙	辛
丙	壬
丁	癸
戊	甲
己	乙
庚	丙
辛	丁
壬	戊
癸	己

圖 40：「奇門遁甲辨方擇時」速查表。

（請參考「奇門遁甲辨方擇時」速查表，取紅色的吉門，避開所有代表不吉的綠色。）

第 2 堂課

家居、公司、店面擺設開運法

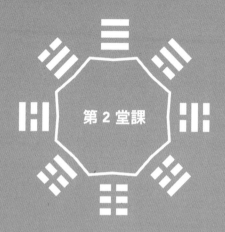

第一節 家居臥室擺設開運法

增加夫妻感情和睦，精神能量提升

臥室是居家風水陽宅三要中的一大重點。人的一天有二十四個小時，其中約有三分之一的時間是在床上度過，因為我們必須休息，藉由睡眠來補充能量，儲備隔天所需要的活力，所以臥室及床鋪的擺設及格局的規劃非常重要。更加重要的是，臥室風水不但關係著主人的身體健康，亦會影響夫妻的感情、家庭的和睦。

1. 臥室床位的擺設要形成「龍強虎弱、龍過堂」的格局形勢

當我們躺在床上，床頭後方是玄武方，又稱為後山，床尾前方是朱雀方，又稱為明堂；左手邊是青龍方，象徵男性，家中的男主人；右手邊則是白虎方，象徵女性，家中的女主人。床位擺放，最好挨靠龍邊（左邊），稍遠離虎邊（右邊），「親龍疏虎」形成「龍強虎弱」的形勢。在中國傳統觀念中，男主外、女主內，男陽剛、女陰柔，一陰一陽為夫妻之道，而男生最好睡在龍邊左手邊，女生則睡在虎邊

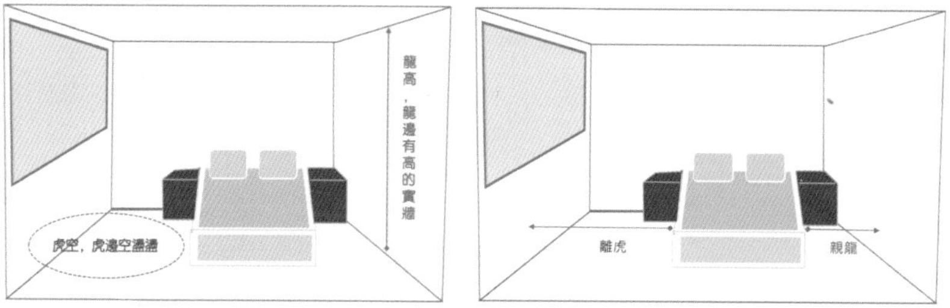

圖 41：床位擺放，最好挨靠龍邊，稍遠離虎邊，男睡左邊，女睡右邊，形成親龍疏虎、龍強虎弱的形勢格局。

右手邊。

更進一步，由於臥房床位的擺設，是影響夫妻和合的關鍵因素，除了要將臥室床位的擺設調整為龍邊高強、虎邊較低弱，還要形成「龍過堂」的形勢格局。因為龍邊高強才能環繞過前面明堂，形成「龍過

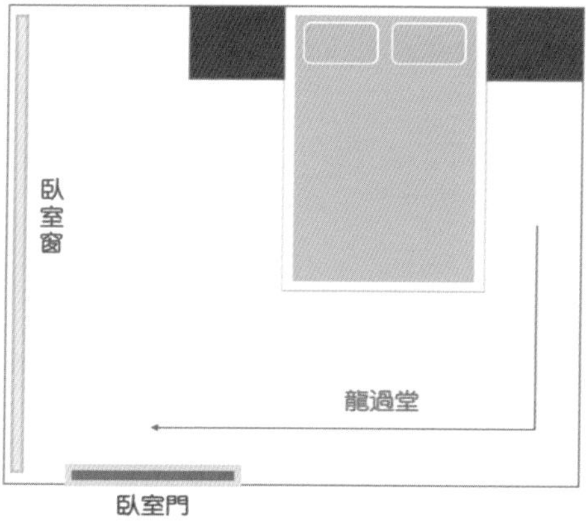

圖 42：臥房床位的擺設要形成「龍過堂」的形勢格局，夫妻之間才會和睦、有凝聚力。

堂」的形勢格局，進而在我們用奇門遁甲選擇有利的吉時來安床位時，能讓有利夫妻感情的「休門」吉炁，圍繞在臥房內不離散，使得夫妻之間彼此和睦、凝聚、對家庭有向心力、有共識。相反的，若虎邊高強，又環抱過堂，「虎過堂」的形勢不僅不能圍護炁場，反而散炁，主分主離；在男女關係上，虎強龍弱，終會導致夫妻失和，造成離異。

2.床頭後方一定要有靠山

床頭後方一定要有靠山，所謂「靠山」，並不是要有一座山，或床頭上方掛著有假山的一幅畫。「靠山」是指床頭後面的床頭板或床頭櫃，要牢牢實實的靠著實牆，或有另一間房間。後山要穩、不動，例如床頭牆後的房間不要是走道、廚房或是廁所，沒有「靠山」的床，睡不安穩。

「後靠山」顧名思義就是後座、依靠的意思，後座有實牆、房間、不動，才有支撐，有依靠、後援，才能睡得安穩。「後靠山」也代表後代子嗣，象徵人丁，所以沒有後靠，或玄武方有沖破，則老婆容易流產，生不出男生，沒有子嗣，晚年沒有依靠。

✘ 床頭後方不要開窗，不僅炁流不穩，造成精神不安，容易傷神，會有腦神經衰弱、偏頭痛的問題，還易犯小人。床頭靠窗，頭上有空氣流動，睡覺時經常會覺得頭部有涼意，也會影響睡眠品質，導致上呼吸道疾病的發生。窗戶有光線直射進來，會干擾人的睡眠品質，且靠窗處隔音差的話，會有噪音，比較吵雜。從風水角度看，容易漏財、犯小人。

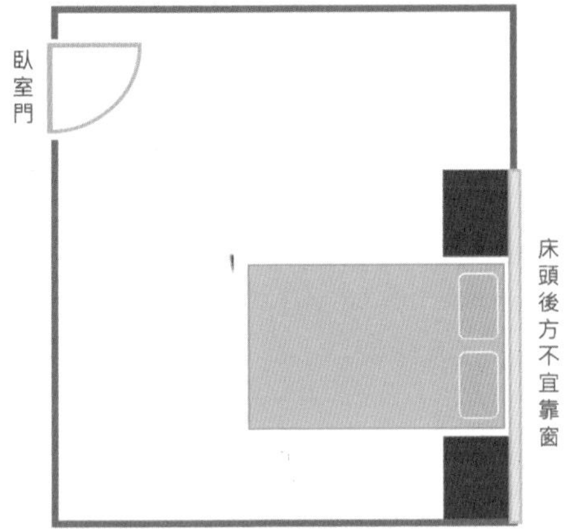

圖 43：床頭後方不要開窗，易造成精神不安、傷神、犯小人，會有腦神經衰弱、偏頭痛。

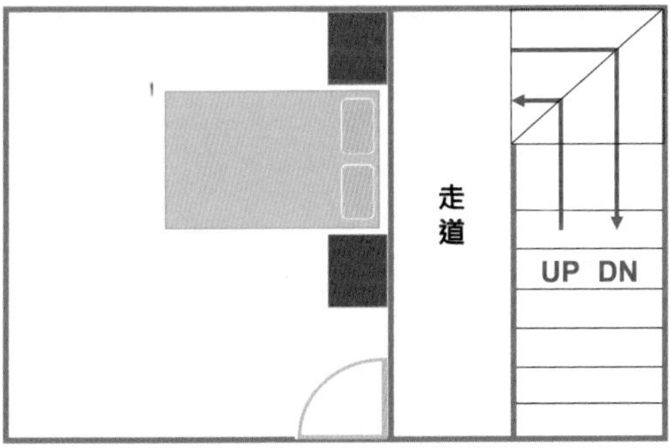

圖 44：床頭後方忌動，忌諱有走道、樓梯，也不宜背門。

解決的辦法：可以調整床位，或是將窗戶用木板封住，用厚窗簾遮住也是一種辦法。

✖床頭後方忌動，忌諱有走道、樓梯，尤其是電梯，還會發出聲響，睡到一半被驚醒，打擾睡眠品質，容易受到驚嚇。床頭也不宜背門，睡不安穩，心神不寧，也容易犯小人。

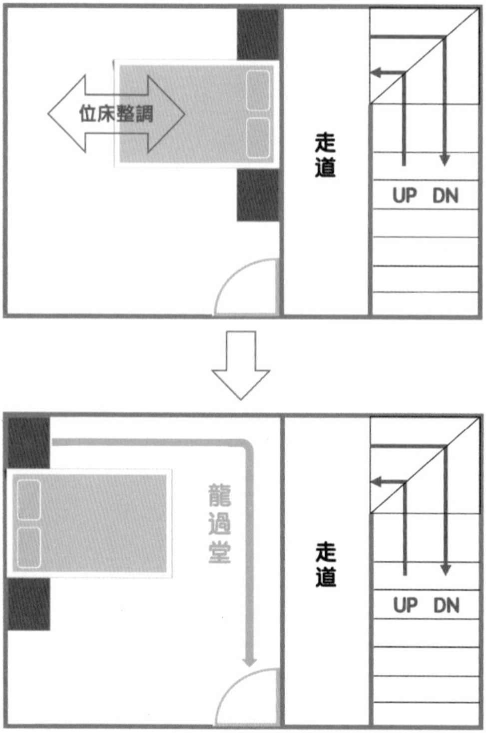

圖 45：床頭背門或有走道、樓梯，最好的調整方法就是調整床位。

✖ 床頭背門擺放，躺在床上無法看到房門出入之情形，心理上會無安全感，導致心神不寧，而且如果有人在門口窺視也無法馬上知道，所以容易犯小人，被小人背後中傷陷害而不自知。

解決的辦法：床頭背門或有走道、樓梯，最好的調整方法就是調整床位，調整床位才可以徹底化解。

✖ 床頭位置後方更不可與廁所或廚房共靠一座牆，容易煩躁，引起夫妻口角，犯小人，人際關係變差。

廁所牆面濕穢之氣若過重，會耗神，影響身體健康；牆面內若還有水管的管線經過，會引起牆面震動、噪音也會影響睡眠品質。

臥室與廚房相鄰，臥室的氣場會過於燥熱，對身體健康大不利，還易引起脾氣暴躁，夫妻間口角不斷，氣氛緊張。

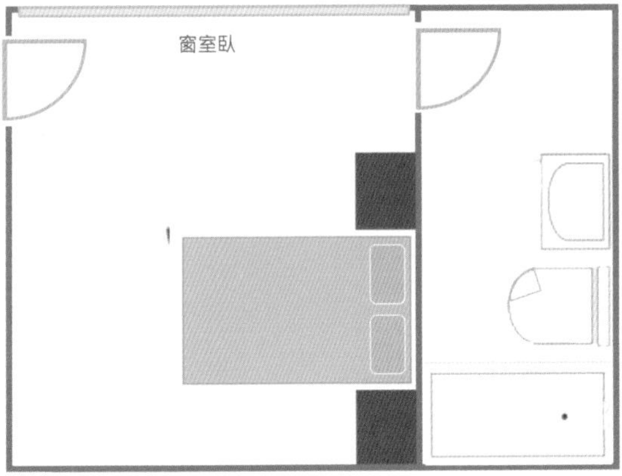

圖 46：床頭位置後方不可緊鄰廁所，容易遭人背後說嘴，犯小人，人際關係變差。

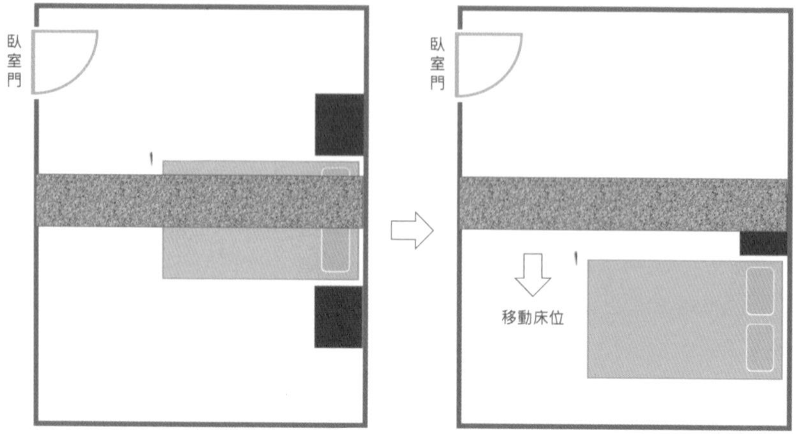

圖 47：臥房床位被橫樑所壓，壓到哪就傷到哪，可以移動床位，避開橫樑。

3. 睡床與梁柱的關係

臥房床位被橫樑所壓，壓到哪就傷到哪，容易有意外、血光，以及運氣不順。如果橫樑壓在床頭的位置，克服的方法是加床頭櫃，讓頭部和橫樑的直線距離加大，避開被橫樑所壓，或移動床位，或用裝潢將天花板包覆，遮住橫樑。

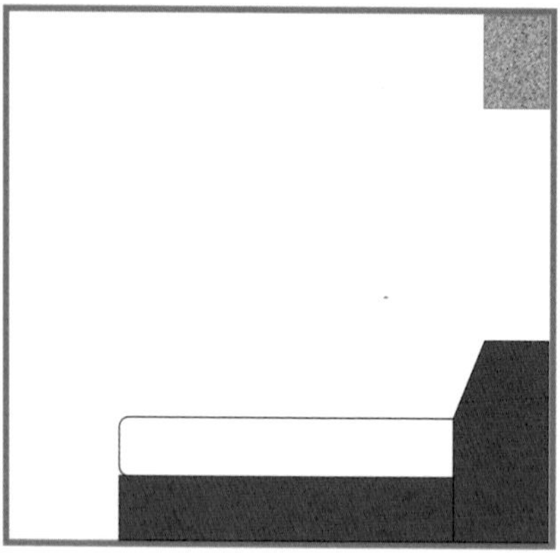

圖 48：頭部靠牆的位置有橫樑時，加床頭櫃可避開頭部被橫樑所壓。

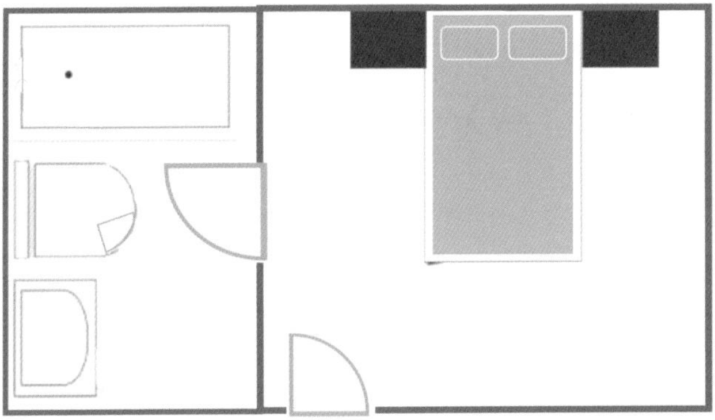

圖 49：床尾被廁所門對到，容易引起腳部的疾病。

4. 睡床與廁所門之間的關係

除了床頭後方位置不可與廁所或廚房共靠一座牆之外，廁所門也不可對著床位。跟橫樑一樣，廁所門對到哪，哪就容易有問題，容易造成生病、事業不順。如果廁所門對到睡覺的頭部，不僅睡不好，還容易引起腦部病變；床位側邊對到廁所門，容易有胸、腹部的疾病；對到腳則容易發生腳部的疾病。廁所門對到胸部，女性需特別注意乳癌的發生；廁所門對到腹部，女性需特別注意子宮癌及卵巢癌的發生。年輕人身體鍵康，體力好還擋得住，尤其老年人，身體虛弱，不可不慎！

廁所門對著床沖床，因為空氣對流，污穢及潮濕之氣直沖身體，日久就會有病兆出現，還會睡不安穩。

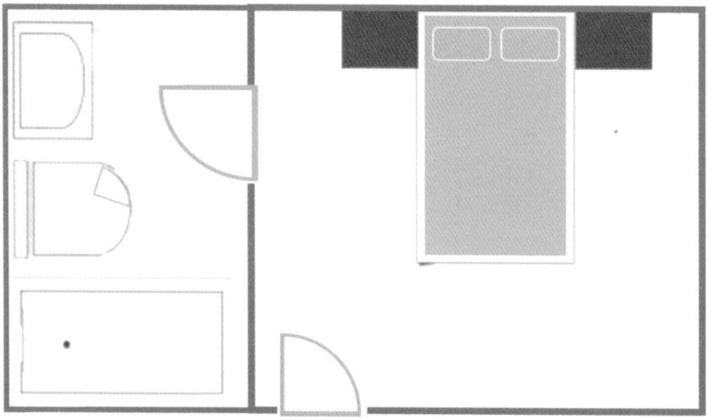

圖 50：床位側邊被廁所門對到，容易引起胸腹部的疾病。

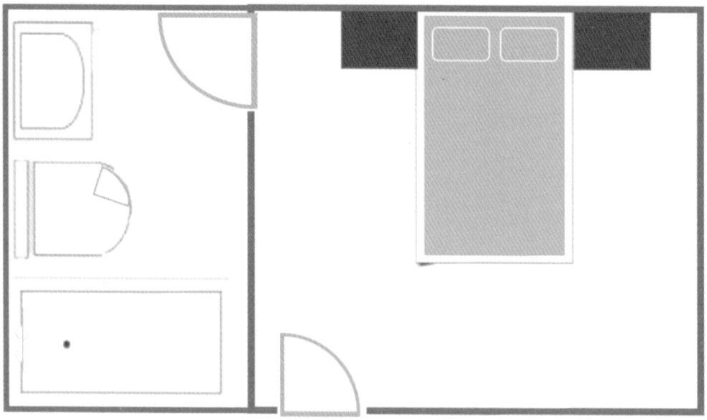

圖 51：床頭被廁所門對到，易引起腦部的疾病，這最不利，因為頭部是人體最重要的部位。

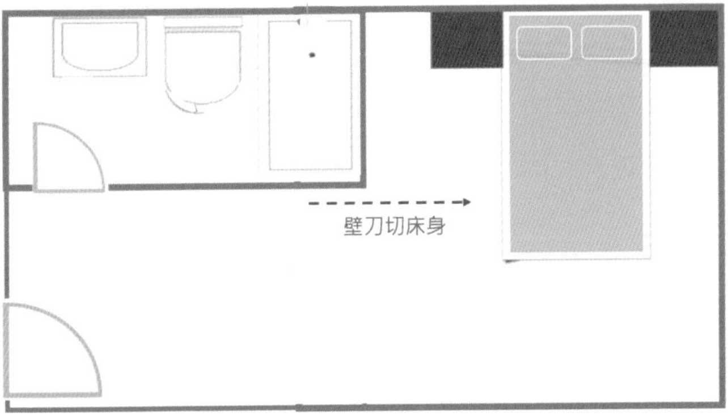

圖 52：房間內若有壁刀切床身，被切到之處，就易有開刀血光、意外傷害、病痛的現象發生。

5. 門直沖睡床

同樣的道理，房間的床位如果在門沖之處，門沖到哪，就會傷到哪。化解的方式以移動床位的位置最佳，其次就是在床與門的中間放置屏風阻擋，或在門上加門簾以減低煞氣。

6. 壁刀切床身

房間如果格局不方正、或是因為房間內有浴室、更衣室或衣櫃，會有室內壁刀的形成。睡覺時身體部位對應到壁刀切到之處，就易有開刀血光、意外傷害、病痛的現象發生，切到哪就會傷到哪，須特別留意。

壁刀切床，就猶如一把刀切在人身體上，牆面會導引氣流沖射床位，短時間可能沒感覺，但長期下來，人躺在床上被切到之部位就

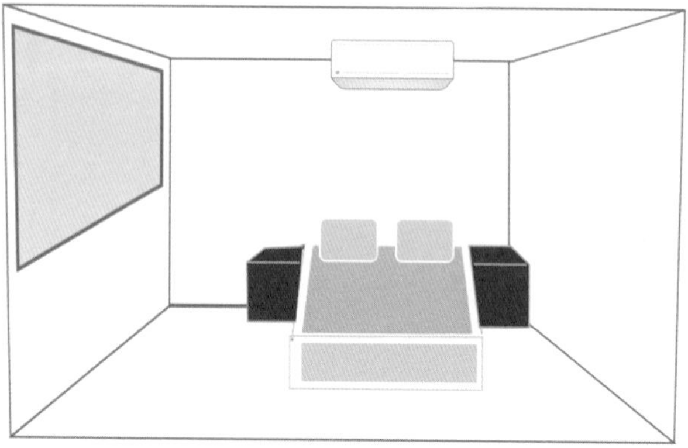

圖 53：床頭上方不要裝冷氣，會有壓迫感，造成神經緊張，做惡夢。

容易有意外傷害、病痛、開刀血光。

最好的化解方式，就是調整床位避開壁刀，或用櫃子將形成壁刀的位置補齊。

7. 臥房中的冷氣安置、燈具安裝、鏡子擺設、與電視機音響

床頭上方不宜裝冷氣，易造成神經質，還會有壓迫感。床位的上方也忌諱有大燈直接照射，容易精神亢奮而影響睡眠。燈具除了會散發光和熱，特殊形狀的燈具也會造成形煞，所以床位的正上方不宜安裝燈具。

任何一個夫妻房，因為需求，不免會有「化妝鏡」或「穿衣鏡」的存在。鏡子除了有肉眼看得見的光線，還會有肉眼看不到的光線。如果直接反射而照到床鋪，時間一久，容易有

心神不寧、失眠的現象。實際上克服的方法是在位置上做調整，將鏡子貼在床位側邊的牆上，或平時用布幔遮住，要用時再打開便可。

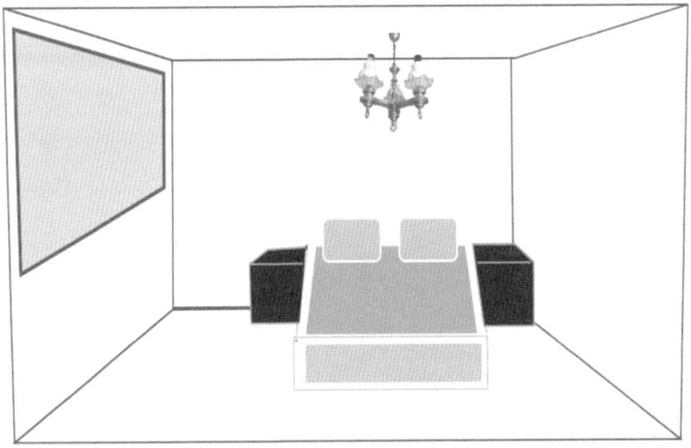

圖54：床位的上方也忌諱有大燈直接照射，容易精神亢奮，影響睡眠。

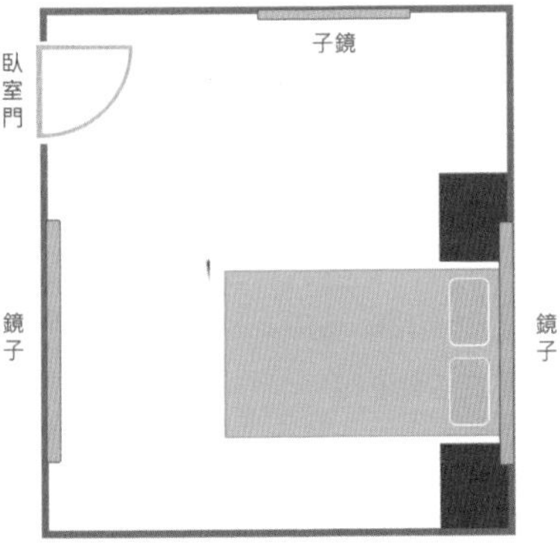

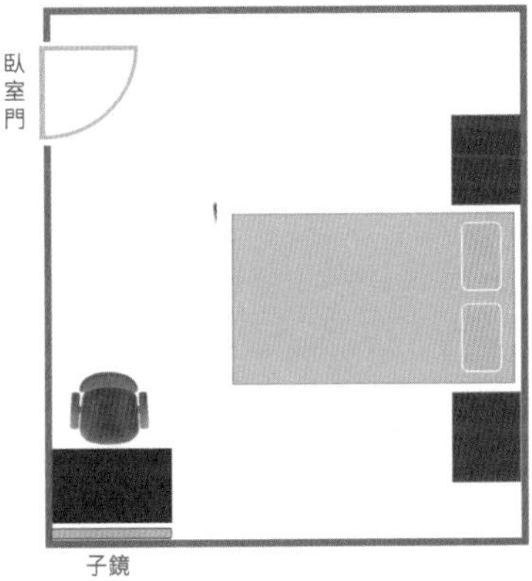

圖55：（左）鏡子側面或正面照床，易導致精神不寧、失眠；床位後方用鏡子裝潢，也是非常不利。

圖56：（右）克服鏡子照床的方法是在位置上做調整，或將鏡子貼在床位側邊的牆上。

電視機、音響也不宜擺放在臥室內，除了影響睡眠作息，因有發出聲響的特性，易引起夫妻口角。很多人喜歡在睡覺前躺在床上看電視，甚至看到深夜不睡覺，除了影響睡眠作息，更會造成新陳代謝混亂、脾氣暴躁、夫妻口角不斷，對家庭和諧、身體健康造成威脅，夫妻容易同床異夢。

第二節　家居書桌擺設開運法

提升學習思考效率，增加學業、事業運勢

居家擺設中，書房的佈置十分關鍵，關係著居住者的學習思考狀態，影響著學業運、事業貴人運等，如果書房的風水好，書桌擺設正確，對於提升仕途功名有正面的幫助。

書房的擺設在於創造良好的學習思考環境，首重寧靜整潔、空氣流通、光線充足。書房的風水會影響求學孩子的讀書、考試或大人的事業運勢，想要孩子書唸

好、考高分，或大人事業能出色，書房的風水、書桌的擺設就很重要。

如果書房風水的規劃擺設不對，將會造成小孩學習成績的退步，大人事業上容易做出錯誤判斷，導致事倍功半。

1. 書桌位置的擺設，最好形成「龍強虎弱、龍過堂」的格局形勢

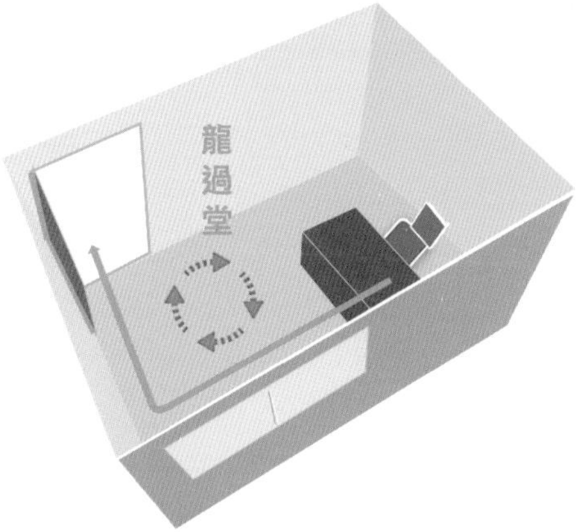

圖 57：書桌位置的擺設要形成龍強虎弱、龍過堂的格局形勢，能幫助我們頭腦清明，專心看書。

書房裡的書桌，跟臥室裡的床位一樣，擺設最好也要形成「龍強虎弱、龍過堂」的格局形勢。因為龍邊代表我們的腦，代表思考邏輯，虎邊代表我們的行動，龍強虎弱、親龍疏虎，能幫助我們頭腦清明，注意力集中，專心看書，讓心能安定下來。

更進一步，書房裡書桌的擺設，除了要將書桌的擺設調整為龍邊高強（左邊靠著實牆或高櫃）、虎邊較低弱（虎邊空），

還要形成「龍過堂」的形勢格局，進而在我們用奇門遁甲選擇有利的吉時來安桌位時，能讓有利讀書學習的「景門」吉炁，圍繞在書房內不離散，使得我們能心無旁鶩，專心讀書思考，事半功倍。

2. 書桌座位椅背後要有實牆可靠

書桌椅背後要有靠，主要是指書桌椅背要靠實牆，靠實牆氣場才會穩，且不容易背後出現干擾。以風水學來說，「椅背後有靠」表示有靠山，主貴人、官貴，學途或仕途上比較容易受到肯定，有貴人扶持、得到提拔。若椅背後沒有實牆可靠，氣場會較亂，相對影響貴人運跟財運，容易受到干擾，遭小人背後計算。

3. 書桌前最好留有明堂

書桌前面稱之為明堂，明堂象徵學業事業前程，要儘量留空間在書桌前面，明堂開闊亮麗代表有前途，未來前景一片看好，成績亮眼。最忌諱直接面壁，書桌前面直接靠著牆壁，這樣學業事業比較容易撞牆，導致發展受限、處處碰壁，綁手綁腳壓力大，且容易目光短淺，前途受阻。

4. 書桌勿正對及背對門，或左右靠近門，尤其是門沖

書桌正對門沖，會使氣場不穩，氣場不穩，心不定就會坐不住，老想往外跑，自然成績運勢也會跟著起起伏伏，不管是門在前後左右，只要正對著書桌座位的地方，都算是門沖。

書桌也勿背對門或左右靠近門，因為有人經過時的聲音、光影還是會透過門鑽進來，影響注意力。其中最嚴重的就是門開在背後，書桌背門，因無法看到房門出入情況，一有家人出現或突然背後喊你，就會受到干擾，門口一有風吹草動就容易被嚇到，心不安，無法專心唸書思考，那種隨時有人會進來的緊張感，對於學習的影響最大，也代表讀書學習、事業工作上容易受干擾，會常常犯錯。

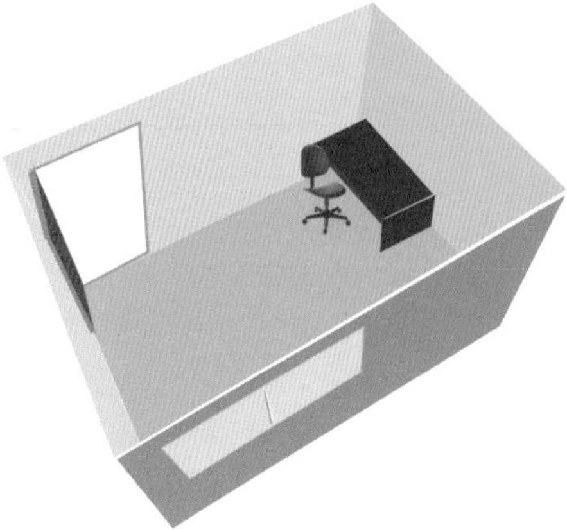

圖 58：書桌勿背對門或左右靠近門，因無法看到房門出入情況，易有緊張感且會影響專心；更忌諱直接面壁，這樣學業事業也比較容易撞牆，前途受阻。

5. 書桌上方不宜有樑

如果書桌位置的上方有樑，對於讀書學習或事業發展，都是很不利的情況，容易思緒不清、做出錯誤判斷。而且書桌壓樑，會使人壓力過大，運勢被壓，難以升遷、前途受阻。橫樑壓到座位甚至比壓到書桌嚴重，情緒會受到影響，造成思緒混亂，工作才能無法發揮，事業不順。

如果橫樑壓在書桌的位置，克服的方法是移動座位，或用裝潢將天花板包覆，

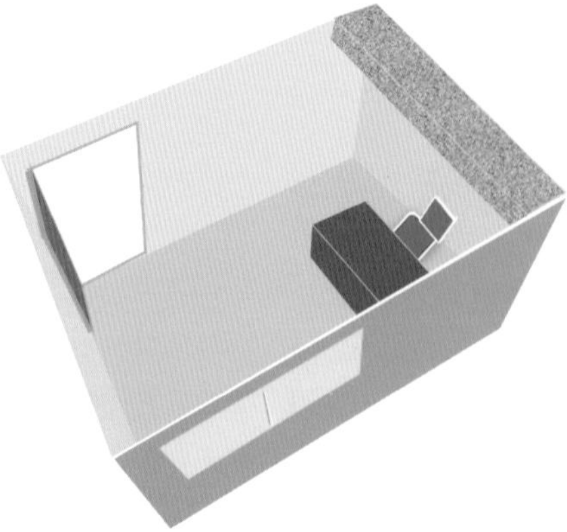

圖 59：書桌上方有樑，情緒會受到影響，造成壓力大，思緒混亂。

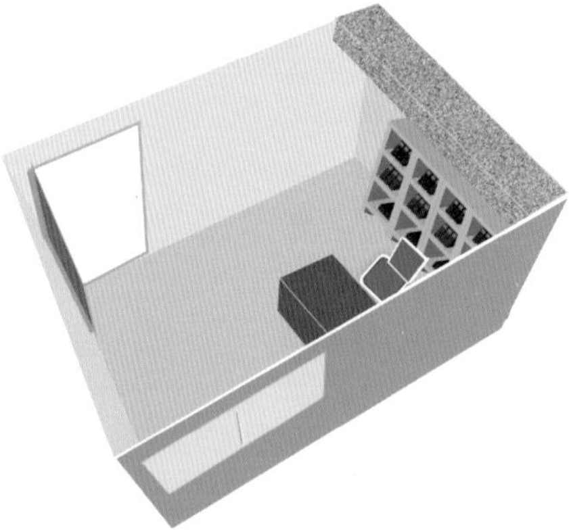

圖 60：橫樑壓到座位，椅子背後可加書櫃，不只後有靠，還可避開被橫樑所壓。

遮住橫樑。若是壓到座位，椅子背後可加書櫃，讓座位和橫樑的直線距離加大，避開被橫樑所壓。

6. 書桌勿朝向廚房、廁所，也不宜背靠廁所

廚房與廁所一是油煙氣、一是污穢氣，面對污穢潮濕氣，會影響到學習效率，造成心情低落，對健康也不好，連帶影響學業運、事業運，還會容易受到干擾，遭小人背後算計。

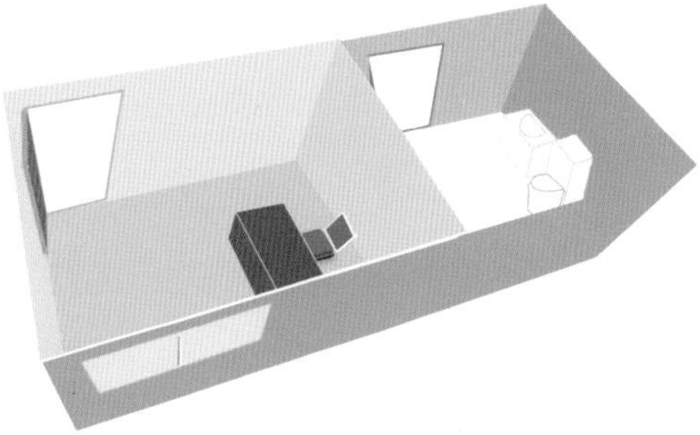

圖 61：書桌不宜背靠廁所，會影響到學業和事業運，容易受到干擾，遭小人背後算計。

第三節 公司辦公桌擺設開運法

事業蒸蒸日上，上下一心，客戶左右逢源

每天在公司工作，與辦公桌相處的時間，或許比自己家裡的書桌還要多，因此想在職場上如魚得水，辦公室的風水佈置就成為風水學重要的一環。人人都希望擁有舒服的工作環境，想要在職場上有好的運勢及發展，能夠升官發財，那麼，辦公室的佈置有什麼風水講究呢？

1. 辦公桌的擺設，要形成「龍強虎弱、龍過堂」的格局形勢

我們在前面已提過辦公桌擺設的概念，如同居家床位及書桌的座位，辦公桌座位的擺設也要形成「龍強虎弱、龍過堂」的格局形勢。

在工作上，辦公桌座位的左邊龍邊象徵我方、自己；右邊虎邊象徵對方、也就是同事或客戶。辦公室裡自己的座位若能擺設或調整成「龍強虎弱、龍過堂」的形

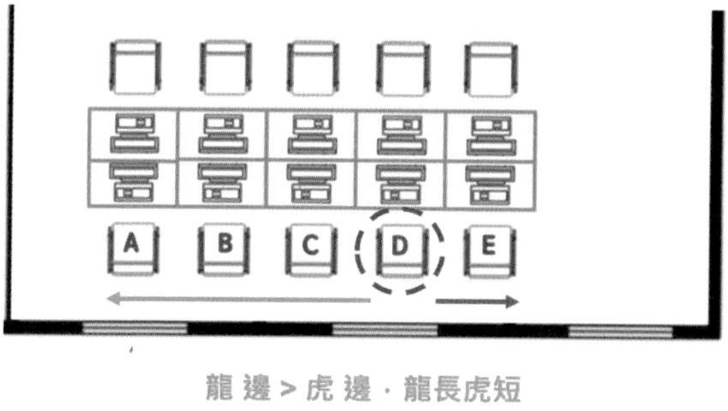

圖 62：選 C 或 D 的座位比較好，C 座位左右各有兩個座位，龍虎平衡，D 座位左邊有三個座位，右邊只有一個座位，屬於龍長虎短，龍邊強於虎邊。

勢格局，則不僅工作運勢順遂，負責的項目能順利完成，同事在工作上能積極配合，同事之間也能相處和諧、合作愉快。

以一般員工來說，公司不是自己的，很難想怎麼擺就怎麼擺，但就算不能形成「龍過堂」的格局，也最好能挑選「龍強虎弱」的座位。

什麼是「龍強虎弱」呢？就是在一排座位中，你的座位左手邊要比右手邊的座位還多，也就是龍邊長於虎邊，或左手邊盡量靠著高櫃或實牆，而右邊低於左邊，也就是龍高虎低。所謂龍強虎弱，即是比較座位左右兩邊的長短或高低，長或高的叫「強」。

另一種情況是，如果白虎方強勢，不是座位長短，也不是地形高低問題，而是比如他的辦公桌比你大，他處的位置或職位占上位等，那麼你的青龍

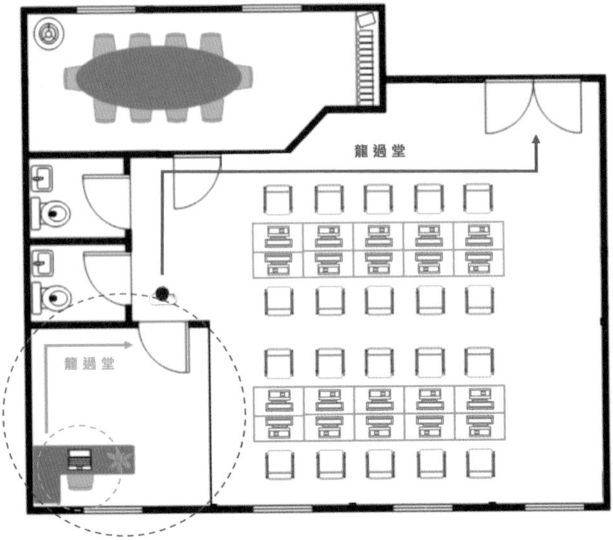

圖 63：以老闆房間為太極點，剛好與辦公室大門形成龍過堂的形勢格局；同時，老闆房間內座位的朝向也與房間門形成龍過堂，則主管與員工能上下同心合力，客戶與公司之間關係和諧。

位必然受壓迫，造成同事之間關係多競爭及緊張。

如果自己是主管或老闆，則右邊虎邊就象徵著員工、下屬，也代表客戶。辦公桌座位若能擺設或調整成「龍強虎弱、龍過堂」的形勢格局，則老闆、主管與員工能上下同心合力，團結一致，客戶與公司之間，能關係和諧，合作良好。

龍邊強勢，老闆有氣勢、有創意、有自信，決斷力佳，態度積極負責，員工聽老闆的。龍邊也代表思考與創意，龍邊強，有利於公司經營的決策與創新，與客戶的關係上，

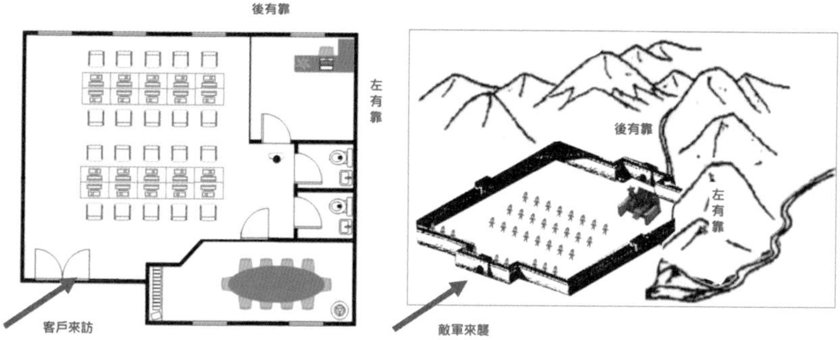

圖 64：辦公室的佈局其實與古代作戰的排兵佈陣原理相同。

我方氣勢能壓過客戶、掌握客戶，處於優勢，談判合作時對我有利，企業易賺到錢。反之，如果龍邊空而弱，而虎邊又強勢，則老闆管不動員工，員工強勢，與老闆唱反調，抗上忤逆；在企業經營上，使得客戶的氣勢壓過公司，砍公司價格，客戶說了算，而我方則處於弱勢，委曲求全，企業不易賺到錢。

其實這樣的佈局也暗含了古代作戰的排兵佈陣。元帥（老闆）坐鎮在後，指揮調度前方士兵將領（員工主管），眾將士在前圍護後方元帥，後有玄武山險可依靠，當敵軍（客戶）從右前方率大軍襲來（客戶來訪），元帥可縱觀全局，運籌帷幄，排兵佈陣，進可攻退可守。

這道理也很簡單，就好比在道路上開車，如果是左駕，靠左行駛，與前方及右前方保持車輛間的安全距離，駕駛員只要專心留意看前方及右前方路況，一有風吹草動，一有什麼突發狀況，就可立即反應，少了一分危險，多了一分安全。如果行駛道路中間，四面八方皆可能有車竄出，尤其專心開車時，一般皆會專注看前方及右前方路況，當左後方突然有車竄出，駕駛員勢必會被嚇一大跳。所以圖64的辦公室擺設及佈置，是最標準也最佳的典範，既符合了風水之理，也暗合了兵陣之法。

公司老闆或主事者的辦公桌座位，如果擺設調整成「龍強虎弱、龍過堂」的形勢格局，不僅能藏風納氣，倘若能再加上我們用奇門遁甲來選擇有利的吉時安置辦公桌，讓有利工作事業的「開門」吉炁，圍護住順時針的官祿之炁聚集而不離散，必能幫助公司營運順利、開拓發展、事業興隆、聲名遠播。

2. 座位後方要有靠山

誰不希望自己在職場上可以背後有靠山，做什麼事情都可以無後顧之憂地往前衝呢？座位後方靠牆，等於有靠山，利於事業拓展，聚集人脈，穩固地位。如果不想事業不順，犯小人，或因業務繁忙不常在辦公室，而想要讓自己背後有靠山的話，建議座位的背後最好要有牆壁或高櫃；而背後是樓梯、電梯、走道、大門的話則是禁忌，容易擾亂心神，小人趁虛而入！

辦公桌座位的後方有靠很重要，有靠才坐得穩，後靠就是有依靠、支援、支撐、有靠山的意思，想當主管、老闆、或坐大位，都須後座有支撐才坐得穩，後援源源不絕，立於不敗之地。

3. 辦公桌前明堂要開闊

辦公桌前明堂尤其要開闊，明堂不宜窄小過逼，明堂開闊才能眼界開闊、胸襟寬廣，心情上不會憋悶，氣流暢通，前途有發展。若辦公桌前空間過於狹窄，則容易使人目光短淺，凡事只想得到眼前的好處。要是桌子前面緊鄰牆壁，形成「明堂高逼」格局，甚至就容易產生鬱鬱不得志的感覺，在工作上自然難有良好的表現與發展。

若真有這現象，可以在牆壁前面貼張開闊的風景圖，營造出視野寬闊的感覺，也象徵著前景一片看好。

4. 辦公桌及座位切忌門沖

辦公桌不管是門在前後左右，只要正對著座位的地方，都算是門沖。門沖會坐不住，老想往外跑，還容易與同事或客戶引起衝突，自然業績運勢也會跟著起起伏伏，嚴重一點，工作還做不長久。

辦公桌也勿背對門或左右靠近門，因為容易有干擾，影響工作情緒及注意力，還常常犯錯。

5. 辦公桌上方也不宜有樑柱

長時間待在樑柱下方，以風水來說會有事業、財運不利的問題，會使人壓力過大，且運勢被壓，前途受阻。但辦公室的位子可能不好說換就換，如果發現自己座位上方有樑柱，可透過擺放「水晶柱」來化煞，尤其是白色、黃色的水晶，有開運、招財的效果，如果是業務的話，粉紅或紫色的水晶則象徵人緣，並能帶來好業績。

如果能夠移動座位，或用裝潢將天花板包覆，遮住橫樑更好，或在椅子背後加書櫃，讓座位和橫樑的直線距離加大，避開被橫樑所壓。

6. 電腦螢幕的桌布、或前方隔板上宜挑選美景圖片

現代人的工作少不了與電腦為伍，甚至盯著螢幕看一整天。電腦螢幕會影響我們的心理狀態，也關係著我們的運勢。辦公桌前方的電腦螢幕也代表了方位中的「朱雀方」或「明堂」，象徵事業前景。所以電腦螢幕的桌布或前方隔板上可以擺放風景圖片，不要選擇枯樹、淒涼或冬天蕭瑟的景象，最好是綠意盎然、充滿無限希望的風景，象徵著前景無限。

當我們眼前充滿一片美景，心情好之外，還會有一股達成願望的靈動力，也具有提醒激勵，未來一片光明的功效。

7. 辦公桌盆栽

在辦公桌上擺放一些綠色植物，可以抒解壓力、放鬆心情。擺放開運竹、發財樹、金錢樹、多肉植物都很適合，但盡量避免仙人掌等有刺的植物，會把貴人刺走。

第四節 店面收銀台擺設開運法

增加店面生意，財運提升，業績滾滾來

收銀台是收入錢財的位置，是一個店面的核心部位，一個好的收銀台風水，可以為一家店面帶來很大的利益，帶來很多的財富。因此在開店面的時候，必須選擇一個比較好的財位來擺放收銀台，才能聚集財富。我們一定要了解，若是懂得收銀台的風水事項，好好地佈置、擺放收銀台，還可因此提升店面的財運，有利於店面的生意發展！

那麼，怎樣才能設計一個好的收銀台呢？接下來，就讓我們一起從店面風水的角度，一起來看看收銀台風水擺放的位置以及講究都有哪些吧！

1. 收銀台的位置要設在財位，形成「龍強虎弱、龍過堂」的格局形勢

傳統上一般風水裡的「財位」，是指進門斜對角的聚氣位（財位），具體是左

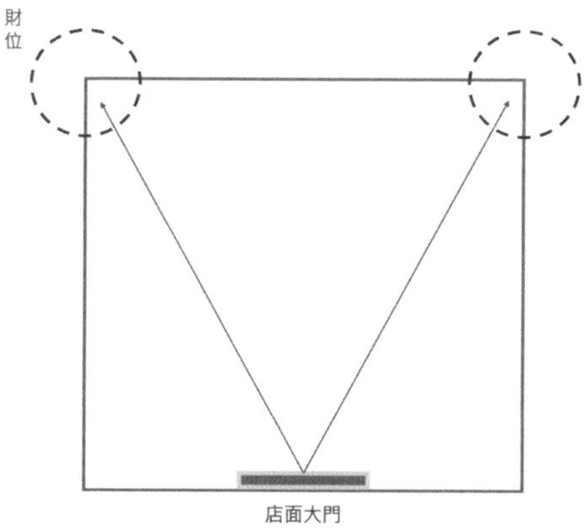

圖 65：傳統一般風水裡的財位，是指在進門斜對角的聚氣位上。

邊還是右邊，要看開門的方向和其他的因素。如在左邊進門，收銀台可設在右斜對角的位置，如在右邊進門，收銀台可設在左斜對角的位置，但也須調對朝向，才能形成龍過堂的形勢格局。

但在「形家風水」裡，與前面單元中提到的床位、桌位的擺設形勢格局一樣，是要求將收銀台擺設成龍邊長、虎邊短的「龍強虎弱」格局，同時還要造成「龍過堂」的形勢。「龍強虎弱、龍過堂」的形勢格局不僅能藏風納氣，還能在我們用奇門遁甲選擇有利的吉時來安置收銀台時，讓有利財運生意的「生門」吉炁，圍護住順時針的財炁聚集而不離散。

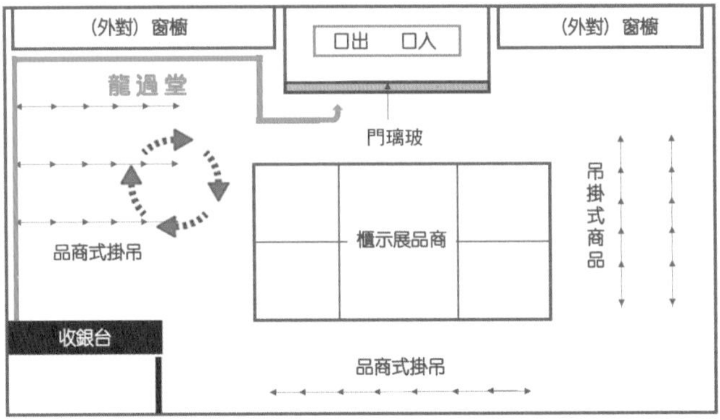

圖 66（A）：收銀台要擺設成龍長虎短的「龍強虎弱」格局，同時還要造成「龍過堂」的形勢。

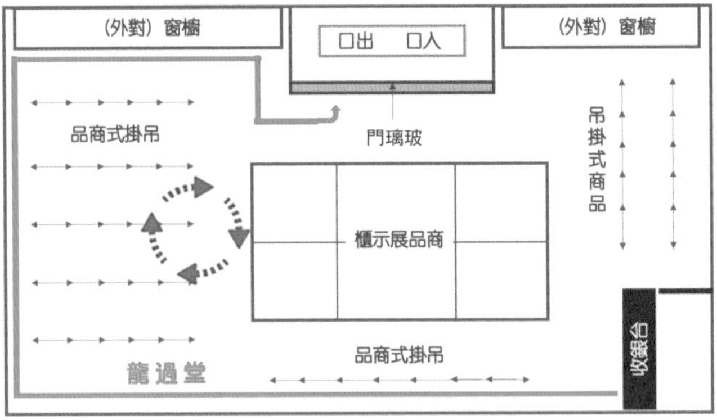

圖 66（B）：收銀台要擺設成龍長虎短的「龍強虎弱」格局，同時還要造成「龍過堂」的形勢。

2. 收銀台位置的後方也要有靠山

收銀台必須靠牆，背後忌諱無靠山，不可讓收銀台孤立無靠。

其實收銀台後面忌空，與理氣上的收氣有關係。因為財氣一般從前面來，所以前面宜空，後面宜實。收銀台的背後最好是牆壁，不可有人走動的通道，這樣才有利於財運的集聚。

3. 收銀台的擺放不宜正對大門

收銀台的擺放不宜正對店鋪大門，收銀台是店面中的財庫，財庫不易外露，否則有破財之嫌，如此擺放收銀台，會導致收銀台受到門外氣流直沖，沖散了財氣，反而影響了店鋪的聚財風水。總而言之，收銀台宜靜不宜動，更不宜受沖。收銀台正對大門，屬於門沖、也易發生漏財、損財是非，甚至員工私吞，中飽私囊或侵占公款狀況的發生。

這樣擺在進門斜對角的聚氣位（財位）上，形成龍邊長、虎邊短的「龍強虎弱」格局，同時還是「龍過堂」的形勢，不僅能藏風納氣，圍護住順時針的財炁聚集而不離散，還比較安靜、不受沖；又能縱覽全局，易於招呼客人，將自己置於風水的主位上，將客人安於客位。

4. 收銀台的櫃檯不宜過高，也不宜過低

必須留意櫃檯是否過高，收銀台的櫃檯若太高，會擋住財運進來，太低則會讓財運流走，尤其最忌收銀台太高。一般店面的風水，都有一個很大而且很普遍存在的毛病，就是店鋪裡的收銀台都很高。原因一般多是為了安全，也是因為保密性，因為收銀台高，財就不會露白。收銀台高了，別人雖然看不見你的錢，但是你想看到別人的錢，也難了。因為收銀台高了，會擋住旺氣、擋住「財路」，如果財路、旺氣都沒有了，就不用再談什麼露財、洩財了。

一般來說，收銀台高度可在一百一到一百二十厘米左右，這個高度是適合亞洲人的高度，也比較適合操作。店面收銀台是錢財進出之地，是店面財運的重中之重，其位置及擺放，直接影響到店面風水的聚財和散財，要想店面生意好，財源滾滾來，選擇一個好的收銀台位置，再挑一個好的時辰來安置收銀機，是提升店面生意的關鍵因素之一。

5. 收銀台最忌面對鏡子

同床位一樣，雖然很多人知道用鏡子可以用來化煞，但其實鏡子本身也會帶來煞氣。收銀台對著鏡子的時候，不論你店鋪裡的生意多好，盈利都不多，財運都一般般，賺不了大錢。

6. 收銀台四周最忌堆放雜物、髒亂

財庫四周堆放雜物、髒亂，你想財神會想來嗎？收銀台正前方應視野開闊，不可有障礙物，四周不可雜亂、骯髒，否則容易雜事多，雜事多就容易損財，進而影響收益進財。

7. 財庫上方有樑柱，進財受阻

收銀台上方有樑柱，樑壓財庫的話，進財受阻，不僅事業推進很困難，還使事業推展受侷限壓制。

第 3 堂課

風水佈局開運法

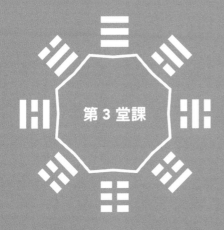

在上一堂課中，第一步，我們運用「形家長眼法風水」，在居家臥室調整床位以增加夫妻的感情和睦，在書房調整桌位來增加學業、事業的運勢，在公司辦公室調整辦公桌座位來提升工作事業運勢，在店面調整收銀台的擺設，來增加店面生意，提升財運。

第二步，我們接著得運用「奇門遁甲擇時」，依據床位、桌位或收銀台在住家、辦公室、店面裡的方位所對應奇門盤的宮位，挑選吉時，也就是找對應宮位裡有出現利於婚戀感情的「休門」、利於學習考試的「景門」、利於事業開展的「開門」以及利於生意發財的「生門」，然後在該吉時，將桌、床、收銀台，搬挪至吉方位，並調整座向。

這一堂課，我們將更進一步，為感情和睦、學習考試、事業開展或財運亨通，運用奇門時空來加佈風水局，佈一個感情和睦局（情）、文昌局（名）、官祿局（官）或生財局（財）。

讀者可參考我的上一本書，由「春光出版社」所發行的《九宮奇門》，在書裡面我已揭露了如何運用奇門佈風水局催旺桃花，而在這個單元中，我將完整公開如何運用奇門遁甲佈風水局，來催旺你的感情和睦、讀書考試、工作事業及生意發財的運勢。

我們只要心有所求，例如想要提升感情和合、催財、催官、催文昌等等，就可選定好對應所求的八門符號。休門——感情、生門——財運、開門——事業、景門——學習考試，然後在家裡、公司裡、或店面裡，選擇一個吉方位（房子或房間的「財位」），接著：

- 開啟「奇門曆」，依方位挑選吉時，方法如同為床位、桌位、收銀台挑選吉時一樣。
- 再開「奇門盤」，輸入吉時，找到宮位，最後根據宮位裡，將與你心中所求的奇門符號所象徵的風水吉祥物品，放在對應的方位上，便能提升運勢，心想事成。

奇門遁甲是一門時空能量學，它是一個時空計算器，它無時不刻的在計算日月星辰、山川大地天地的能量如何運行，在什麼時間、什麼星體、運轉至何方。藉由奇門遁甲，我們在住家、公司或店面裡選擇某一個特定的位置，找到吉時擺上奇門符號象徵的物品，就能接納此股能量，與之共振。這就像在家裡安裝了一個接收器與發射站，將我們所求，對我們有利的日月星辰的能量投射到我們所在的地方，幫助且提升我們的財運、感情運、官運等等。

奇門佈風水局，方法簡單，收效快速，最有奇效，自己也可以DIY為自己佈一個風水局，為自己開運！為自己安好床位，桌位或收銀台，若能再加上一個風水局，效果更大，更有令人意外的驚喜與轉變！

「奇門遁甲佈風水局催旺運勢」的七大步驟及流程如下：

步驟一：選擇房子裡的佈局空間及位置。
步驟二：測量太極點在房間裡的方位。
步驟三：根據方位鎖定宮位，檢查該宮位裡是否有對應所求的「吉門」。
步驟四：先開「奇門曆」程式選擇吉時。
步驟五：再依吉時開「奇門盤」程式，看宮位是否有對應所求的「神／星」。
步驟六：風水物的準備及淨化加持。
步驟七：在吉時擺放風水物及祈願。

第一節 佈感情和合局

促進婚姻感情和諧，家庭生活圓滿

步驟一：選擇房子裡的佈局空間及位置

感情是很私密的東西，我們一般佈感情和合局，首選位置是佈在臥室裡，其次可以考慮以客廳為範圍（太極場）來挑選佈局位置。臥房或客廳的吉方位，就是傳統上一般風水裡的「財位」，在進門斜對角的聚氣位（財位）上。如果臥房的一邊角落已擺放了臥床，則可在另一個角落佈有利感情和合的風水局，若沒得擺，其次再選擇臥房的其餘兩個角落佈局。

步驟二：測量太極點在房間裡的方位

如果佈局空間是在臥房，就以整個臥房為範圍（臥房為太極場），在臥房的中

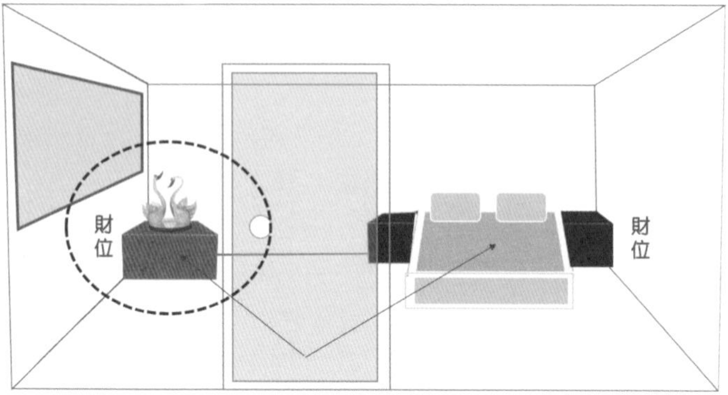

圖 67：風水裡的財位，是指在進門斜對角的聚氣位上。如果臥房的一邊已擺放了臥床，則可在另一個角落佈有利感情和合的風水局。

心點打開羅盤，測量佈局位置的方位；若臥房太小或臥房裡找不到合適的空間位置，可選擇佈局空間為整個房子或客廳，那麼就以整個房子或客廳為範圍（房子或客廳為太極場），在房子或客廳的中心點打開羅盤，測量佈局位置的方位。

假設我們要在臥房裡佈感情和合局，如圖68所示，以整個臥房為範圍（太極場），在臥房的中心點用羅盤測量佈局位置的方位，而它是座落在此臥房的「東南方位」裡。

步驟三：根據方位鎖定宮位，檢查該宮位裡是否有對應所求的「吉門」

接著查看「奇門遁甲辨方擇時」速查表，此表中對應的「東南方位」在左上角，顯示

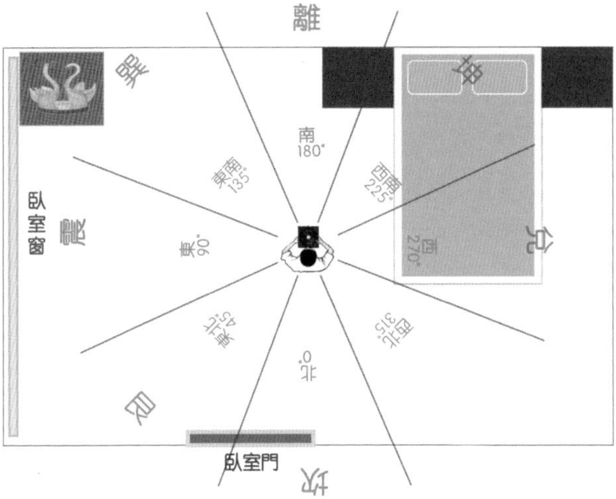

圖 68：佈局空間若是在臥房裡，就以臥房為範圍，在臥房的中心點打開羅盤，測量佈局位置的方位。

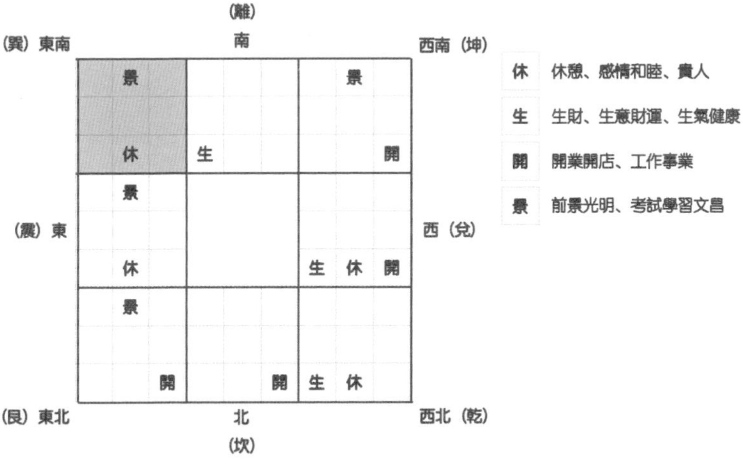

圖 69：「奇門遁甲辨方擇時」速查表（先只看宮位裡是否有吉門可用）。

為「巽宮」，適合的吉門有「休門」及「景門」。因為我們要佈的是促進夫妻感情和諧、生活圓滿的感情和合局，所以選用「休門」最有利於「休憩及感情和睦」。

但是，如果佈局位置的方位裡，沒有直接對應所求事項的吉門該怎麼辦？這時可以選其它吉門，因為「休門」、「生門」、「開門」及「景門」皆為吉門，都可用。例如，如果佈感情和合局的位置是在臥室的「南方」為「離宮」，查表得知「離宮」只有「生門」可用，那也沒事，就取「生門」大吉門為用也很好。

步驟四：先開「奇門曆」程式選擇吉時

接下來，就是選擇吉時。

我們在第一堂課提過，選擇吉時有兩種方式，一種比較簡單的巧便法，就是藉助「奇門曆」程式，「奇門曆」程式已將可能對符號與宮位產生不利作用的情況都排除了，包括門伏／門反、門迫／門制、白虎、空亡、天干擊刑，還有「五不遇時」等不利的時辰避開了，只要設定好你預計要佈局的時間範圍，然候勾選「休門」及「東南方」，奇門曆就會列出所有的吉時，就這麼方便簡單。

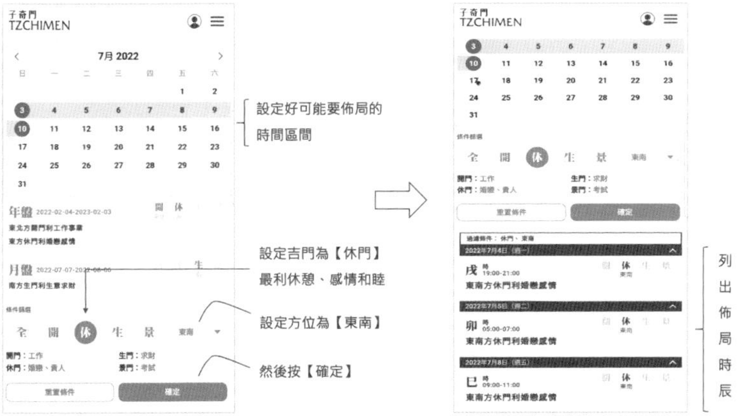

圖 70：設定好條件，時間區間、方位、吉門，「奇門曆」程式就能把所有的「吉時」找出來。

例如我們設定好時間的範圍，是從二〇二二年七月三日（日）至二〇二二年七月十日（日）一個星期的時間，同時勾選「休門」及「東南方」，最後按「確定」鍵，這時程式就會把可以佈局的吉時都排列出來。

步驟五：再依吉時開「奇門盤」程式，看宮位是否有對應所求的「神／星」

「休門」＋「六合」：佈感情和合局，宮位內的首要重點符號在「休門」，其次最好還要有代表月下老人的八神符號「六合」，它是媒合之神，主婚戀感情，多喜歡從事婚姻介紹工作。古書有云：「六合，木神，其神性和平，專司交易、和合、婚姻、

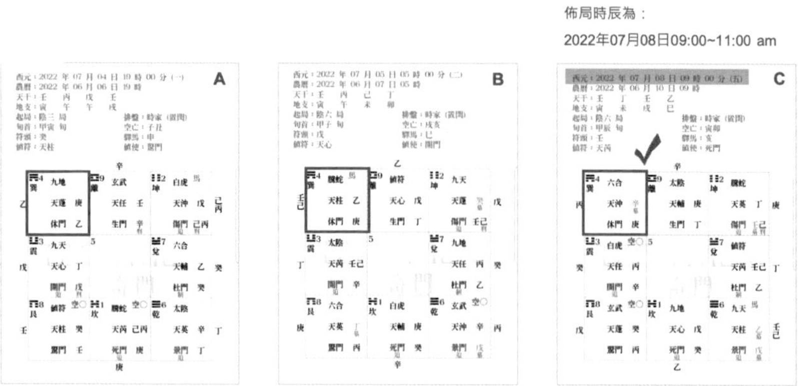

圖 71：時辰 2022 年 7 月 8 日 9:00~11:00 am，宮位裡同時出現「六合」+「休門」。

牙媒之事。所臨之宮，主有會合之事」。

所以為了挑選更佳的吉時，接著我們可以打開「奇門排盤」程式，記得要選擇的「排盤系統」為「時盤（置閏）」，輸入由前面「奇門曆」程式選擇的三個吉時（參見圖70），分別一一打開奇門盤，盯著看左上角的宮位，巽宮，看有沒有出現「六合」這個符號，宮位裡如果有「休門」＋「六合」，那就對了，就是它了！

結果我們找到二〇二二年七月八日（五）巳時，也就是早上九點到十一點這個時辰，宮位裡同時出現「六合＋休門」，把這個時辰記錄下來，整個選擇吉時的步驟就完成了。

如果沒有使用「奇門曆」程式，而是直接使用「奇門排盤」程式，那就先確定自己的時間，看看哪天有空可佈局，然後再打開奇門排盤程式，設定查找的日期時間後，打開奇門盤，檢查對應「東南方」巽宮裡的符號有沒有「休門」＋「六合」，而且不能有「門伏／門反、門迫／門制、白虎、空亡、天干擊刑、五不遇時」，如果不符合，那就按下一時辰，檢查下一個時辰的奇門盤，一個一個往下找。

步驟六：風水物的準備及淨化加持

接著，挑選及準備象徵感情和合的擺飾品。

主要有二項，就是一對甜甜蜜蜜的「天鵝」及一顆象徵愛情的「粉紅色水晶球」（七星陣粉紅水晶球也行），任何材質、顏色的天鵝擺飾皆行，只要你自己看了喜歡，有象徵婚戀感情增溫意義的都可以。

在佈局前，我們必須先將準備好的這些吉祥物先進行淨化及加持。淨化及加持的目的，是為了消除物品原本不好的磁場，並同時賦予物品特殊的靈氣或能量，成為可以護祐或提升自己運勢的法物。具體的作法是：

● **淨化**：先用乾淨的水幫風水物洗淨，把吉祥物當寶寶一樣幫祂洗澡。放在水龍頭下從頭沖到底，幫祂用手洗三、六或九遍。淨化後拿毛巾擦拭乾淨，其意義是擦去吉祥物過去舊的訊息，達到淨化作用，為下一步注入能量做準備。

不能用水淨化的，也可以用點香來淨化吉祥物品。透過點燃的香傳導能量，以承接天地自然高能量的磁場，藉以清除吉祥物原本的雜氣、濁氣。基本上可以選用檀香、沉香，楠木等木質作基調的香，或選用西方常用的精油類植物如鼠尾草、迷迭香、乳香、杜松等也很好，室內焚香時要保持通風才好，並注意用火安全。

Oṃ maṇi padme hūṃ
唵嘛呢叭咪吽

圖 72：六字大明咒。

- **加持：**在淨化後，我們再幫吉祥物進行加持。加持的方法就是心中默唸六字大明咒：「唵嘛呢叭咪吽」三、六或九遍，再次淨化吉祥物，並賦予吉祥物靈氣和能量。如果是信奉其他宗教的，也可呼喚自己的主神為吉祥物加持，最重要的是心誠則靈，保持一顆敬天畏地虔誠的心就對了，心意心念最重要。

然後，將吉祥物收好放好，在佈局前最好不要讓外人去摸或玩弄，免得又影響了吉祥物的淨化。

步驟七：在吉時擺放風水物及祈願

最後，等吉時一到，先到佈局場地位置，掃地擦桌、清潔乾淨。提醒各位朋友，吉祥物絕不可擺放於地板上，因地氣混雜，位置的高度至少也需在膝蓋以上為宜。

● 選定的吉時一到，將淨化加持過的吉祥物兩手捧起，一一置於胸前畫橫向的8字形∞（無窮大符號）三次後，再擺上。若吉祥物太沉重，不便舉起在胸前畫8字形∞，可改為點一炷香，拿香在吉祥物的周邊或上方畫橫向的∞字形三次。

● 佈局物品放好後，最後最重要的，是「祈願」！許下心願，貫注自己的心念於風水物上。許願不要用「我想要……」，而是代之以「感謝……」或「感恩……」。例如，不要說：「我想要跟老公感情融洽，一輩子幸福，甜甜蜜蜜！」而是要說：「感謝您，讓我跟老公感情都很融洽，一輩子幸福，甜甜蜜蜜！」然候用心、用感受、用一種沉浸於甜蜜幸福的感覺，去取代只用腦想「我想要有甜蜜幸福的感情生活」的念頭。

● 擺上後，就大功告成了！佈局後一般三個月內會有奇效，佈局的位置平常要保持乾淨整潔，吉祥物擺久了可拿乾淨的毛巾輕輕擦拭。佈局的吉祥物千萬不要去動祂或讓別人去玩祂、撫摸祂，影響了風水局的成效。

以上程序、原則最好全部遵守，若真的無法完全符合，請記得一句話：「心誠則靈」，心念心意心誠最重要！只要你相信，就一定有效果，即使儀式規矩也是一種儀軌助您心誠！

第二節 佈學習考試局

提升學習思考效率，增加學業、事業運勢

學習考試，一直是父母有了孩子之後最關心、也最有挑戰的課題之一。古書有云：「奇門遁甲源自於兵法，最利考試」，舉凡跟競爭有關的類別，例如考試面試、運動比賽、招標競標、官司、討債、競選等等，奇門遁甲的佈局收效最快，每有奇效。因為奇門本來就是用在戰場上，競爭輸贏的。

子奇老師在兩年前，雖然教學非常忙碌，還是在兩個月之間受朋友之託一口氣佈了七個文昌考試局，令人開心的是七個局全部成功，全部考上了理想中的學校！令人更加開心的是，其中有一位朋友的女兒，參加了學校老師的甄試，連續五年都沒有甄試上，在她爸爸的請求下，我親自到她家為她佈局。要知道，現在台灣少子化，紛紛減少老師的聘用，在外的流浪教師一堆，僧多粥少，當老師不僅辛苦，想擠進學校當一名專職的教師，更是競爭激烈！還好，不負她父母所託，佈了奇門局，成功如願地通過甄試，擠進學校當上了專職老師。她的父母除了給了我二個大大的紅包（前金＋後謝），還宴請了眾多親友分享這個好消息。父母也從眉頭深鎖，轉為笑逐顏開，滿臉掩不住的喜悅，真是天下父母心呀！

就正在寫書的當下，剛剛還傳來了幾個因佈了文昌考試局之後，孩子學習進步了、考上了的學員反饋。除了替他們開心，也再次證明了奇門遁甲佈局的成效，奇門遁甲誠不欺人也。人不努力，不會成功；但有時努力了，也不一定能成功，因為缺了一個機運、一分運氣。奇門遁甲雖然不能讓你從零分變成一百分，但祂真的能增加考運，運氣好的話，還能增加個幾十分呀！很多小孩，因為佈了奇門遁甲的文昌考試局，成績進步了，受到了肯定激勵，小孩反而開始變得愛學習，成績突飛猛進，佈一次局，改變了小孩的未來！

所以我們除了在家裡調整書桌、座位，還可以為自己或小孩用奇門佈一個文昌考試局，幫助學習及考試。方法基本上跟佈感情和合局一樣七個步驟，只是挑選的場地、選擇的奇門符號，及擺放的吉祥物有所不同。

步驟一：選擇房子裡的佈局空間及位置

我們一般佈文昌考試局，首選佈在書房裡；若書房太小或沒有書房，小孩常常在餐桌上或客廳桌上讀書做功課，也可以將文昌考試局佈在餐廳或客廳裡（以餐廳或客廳為範圍，為太極場）。總之，原理就像在家裡裝 Wifi 網路，越靠近接收及發射網路 Wifi 訊號的地點，越能接收到訊號。

書房、餐廳或客廳的吉方位，就是傳統上一般風水裡的「財位」，在進門斜對角的聚氣位（財位）上。如果房間的一邊角落裡已擺放了書桌，也可以佈在書桌上（只要佈好了之後，小孩別再去動到或碰到吉祥物）；亦可在另一個角落佈有利學習考試的風水局，若兩個角落真沒得擺，最後再考慮選擇房間的其餘兩個角落佈局。

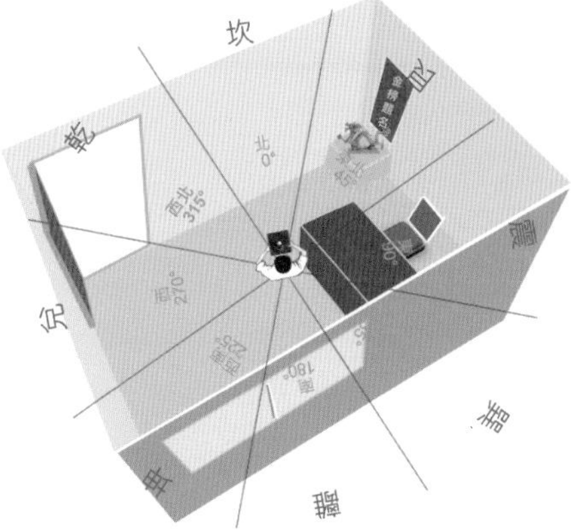

圖 73：佈局空間若是在書房裡，就以書房為範圍，在書房的中心點打開羅盤，測量佈局位置的方位。

步驟二：測量太極點在房間裡的方位

如果佈局空間是在書房裡（餐廳、客廳同理），就以整個書房為範圍（書房為太極場），在書房的中心點打開羅盤，測量佈局位置的方位。

如圖73所示，我們要在書房裡佈文昌考試局，就以整個書房為範圍（太極場），在書房的中心點用羅盤測量佈局位置的方位。以圖73為例，挑選的佈局位置是座落在此書房的「東北方位」裡。

步驟三：根據方位鎖定宮位，檢查該宮位裡是否有對應所求的「吉門」

接著查看「奇門遁甲辨方擇時」速查表，對應的「東北方位」在左下角，顯示

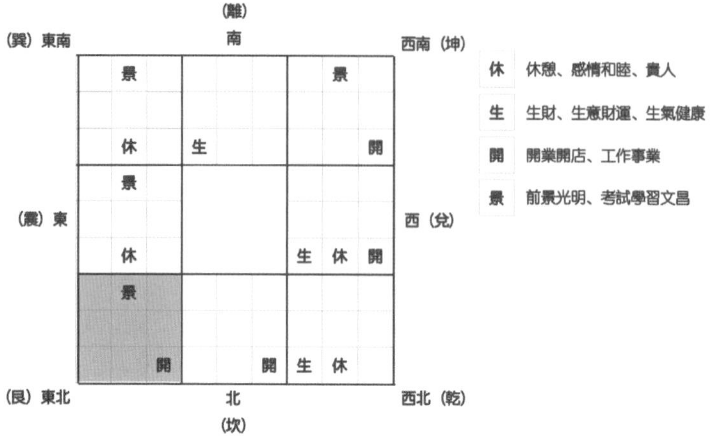

圖 74：「奇門遁甲辨方擇時」速查表（先只看宮位裡是否有吉門可用）。

為「艮宮」，因為我們要佈的是提升學習思考效率、增加學業、事業運勢的文昌考試局，所以選用「景門」最有利於「考試學習」。

但是，如果佈局位置的方位裡，沒有直接對應所求事項的吉門又該如何？這時可以選其他吉門。例如圖74，在東北方的「艮宮」裡也可以挑選「開門」，「開門」也為大吉門。如果一定要選「景門」，那山不轉路轉，就改變自己佈局的位置及方位，選表中有「景門」的方位角落來佈考試文昌局。在圖74中，景門適合的方位有四個，分別為東北方的「艮宮」、東方的「震宮」、東南方的「巽宮」及西南方的「坤宮」。

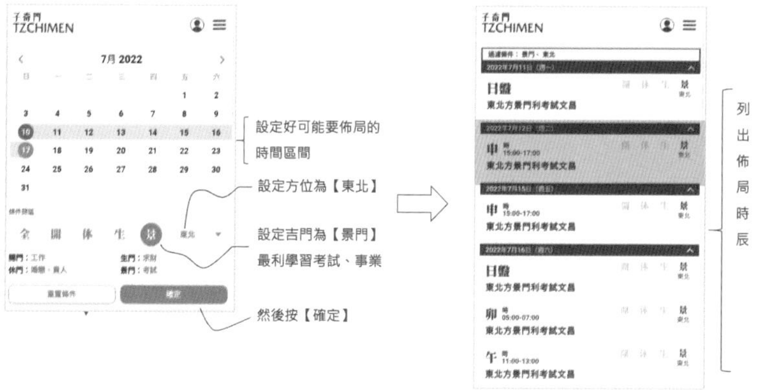

圖 75：設定好條件，時間區間、方位、吉門，「奇門曆」程式就能把所有的「吉時」找出來。

步驟四：先開「奇門曆」程式選擇吉時

接著同樣是選擇吉時來佈局。為了讓讀者能更熟悉掌握如何選出吉時，我在這裡再示範一次。

例如，我們設定好時間範圍是從二〇二二年七月十日（日）至二〇二二年七月十七日（日）一個星期的時間，同時勾選「景門」及「東北方」，最後按「確定」鍵，這時程式就會將可以佈局的吉時都排列出來。

步驟五：再依吉時開「奇門盤」程式，看宮位是否有對應所求的「神／星」

「值符」／「九天」＋「景門」：佈學習考試局，宮位內的首要重點符號在「景門」，其次最好還要有代表名列前茅的八神符號「值符」，或能提升分數考高分的「九天」。

「值符」是值掌符令的頭兒，代表第一、代表甲，是八神中的領袖之神，居八神的首位，在奇門遁甲的演局中，起到引領諸神的作用。甲是十天干的第一個，小時候，作業成績如果得到甲，就代表成績很優秀，如同外國學生成績拿到A或A+，排名是排前面的；而奇門八神之中「九天」為高，「九地」為低，要想學習考試拿高分，「九天」意如其名，代表「高」，考試「高」中榜首、考取「高」分，不都是「高」嗎？

為了挑選更佳的吉時，再來我們可以打開「奇門排盤」程式，記得選擇「排盤系統」為「時盤（置閏）」，輸入由前面「奇門曆」程式挑選出的吉時（圖75）。然後從第一個吉時開始，打開奇門盤，盯著左下角的宮位，艮宮，看有沒有出現「值符」或「九天」的符號。宮位裡如果有「景門」＋「值符」或是「景門」＋「九天」，那就對了，就是它了！

結果運氣真好，第一個吉時就找到了！在「二〇二二年七月十二日（二）申時下午三點到五點」這個時辰，就可以選來佈我們有利於「考試學習」的文昌局。最後把這個時辰記錄下來，整個選擇吉時的步驟就也就完成了。

特別提醒朋友的是，奇門遁甲在安桌位、安床位，或是佈風水局時，挑選的吉時，指的都是「時辰」。

因此圖75中的第一列時間，日盤，是代表當日「二〇二二年七月十二日（二）」一整天在東北方有好的「景門」吉炁；但我們要找的是時辰，佈局是「擇時」不是「擇日」，所以第一個「東北方」有「景門」的吉時，應該是第二列的時間「二〇二二年七月十二日（二）申時」這個時辰。

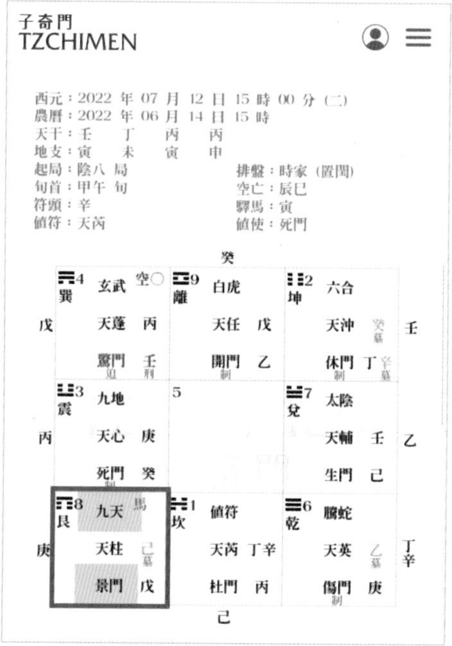

圖76：時辰 2022 年 7 月 12 日 15:00~17:00 pm，宮位裡同時出現「景門」+「九天」。

同之前佈感情和合局一樣，如果沒有使用「奇門曆」程式，而是直接使用「奇門排盤」程式，那就先確定自己的時間，看哪天有空來佈局。然後再打開奇門排盤程式，設定開始查找的日期時間後，打開奇門盤，檢查對應「西北方」乾宮裡的符號有沒有「景門」＋「值符」或「九天」，而且不能有「門伏／門反、門迫／門制、白虎、空亡、天干擊刑、五不遇時」，如果不符合，那就按下一時辰，看下一個時辰的奇門盤，一個一個往下找。

步驟六：風水物的準備及淨化加持

再來便是挑選象徵增進學習考試的擺飾品。主要有二項，「景門」就是「圖畫」，可以是一張類似春聯的紅紙，上面寫著幫助孩子學習順利或考試成功的吉祥話，也可以是用圖畫的形式。另一項，則是擺一條「龍」造型的飾品，象徵「九天」，任何材質、顏色的字畫或飾品皆行，然後擺在高處，象徵學業成績高或考試分數高；「值符」也一樣是擺龍。如果更考究一點，可以加擺文昌筆、文昌塔或開運竹，三選一即可。

然後在佈局前，將準備好的這些吉祥物先進行淨化及加持，方法同上節所述。

步驟七：在吉時擺放風水物及祈願

最後，等吉時一到，先於佈局場地位置，掃地擦桌，一一畫8字形∞，然後擺上風水吉祥物並祈願，步驟原則同佈感情和合局一樣，請參照上節所述，至此大功告成了。

第三節 佈事業官祿局

提升工作運勢，升官加薪，事業鴻圖大展

一般說來，做生意的、做業務的、接案子的，需要額外財源、客源的，皆以「求財」為主，可佈「財運亨通局」；當官的、管人的、上班族以事業管理、工作順遂、能升官晉爵為主，適合佈「事業官祿局」。當然所有人都想發財，但一般上班族財源固定，領的是固定薪水，佈財局的效果可能沒有做生意的效果來得大。反而是上班族或是企業專業經理人，應以力求工作表現、管理完善，受老闆提拔器重為要。

佈「事業官祿局」的方法與佈「學習考試局」基本上是完全一樣的，差別在於選取的八門，除了適用「景門」之外（事業前景看好、一片光明），更佳的選擇是取用「開門」，因為「開門」象徵事業，代表開拓、發展，也代表公司企業。

利事業升官的八神，也跟佈「學習考試局」一樣，選取「值符」或「九天」，值符就是值掌符令的主管或老闆，就是「官」，而九天為「高」，人往高處爬，有「升官」的意象。

步驟一：選擇房子裡的佈局空間及位置

佈局的場地，如果自己是企業主，可佈局在公司裡；如果不是的話，可佈局在家裡。

在公司裡佈局，最佳的佈局範圍（太極場）是以整個公司為範圍，以公司單位的大門為主，在進門斜對角的聚氣位（財位）找佈局位置，且最好挑選角落的兩邊有實牆可做靠的那個為主。如果老闆有自己的辦公室，而辦公室夠大的話，也可以佈局在自己的辦公室裡。

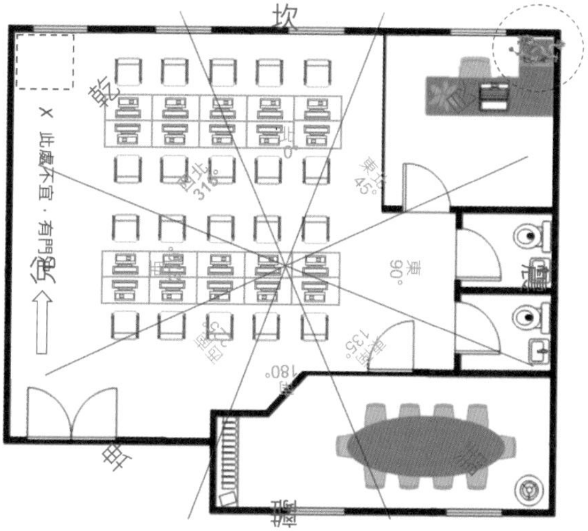

圖 77：在公司裡佈局，可以整個公司為範圍，以公司單位的大門為主，在進門斜對角的聚氣位（財位）找佈局位置，最好挑選角落的兩邊有實牆可做靠的那個為主。

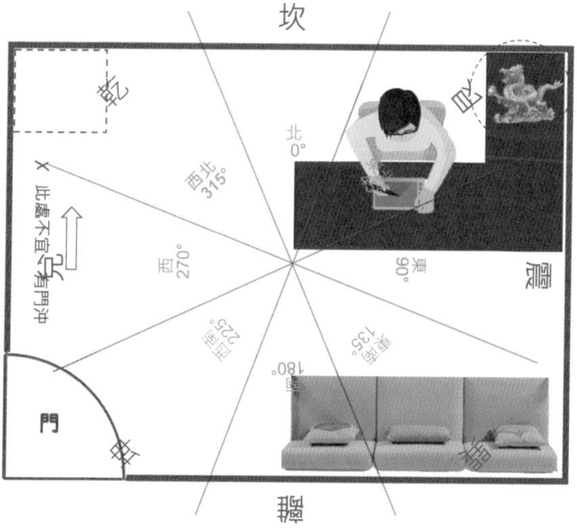

圖 78：在公司裡佈局，如果老闆有自己的辦公室，也可以佈局在自己的辦公室裡。

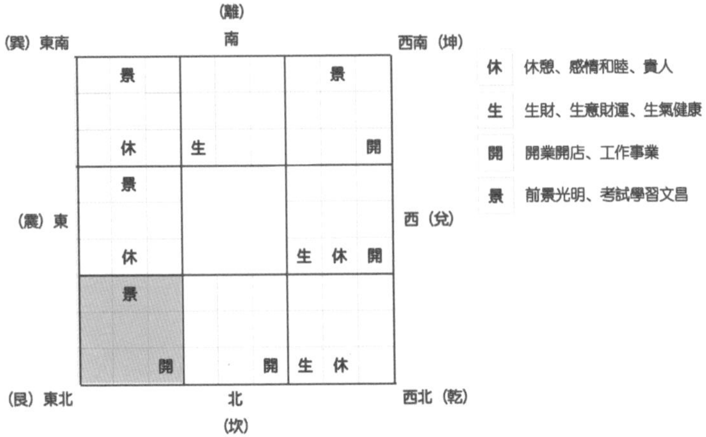

圖 79：「奇門遁甲辨方擇時」速查表（先只看宮位裡是否有吉門可用）。

如果是一般上班族，想提升工作運勢、升官加薪，可在自己家裡佈局。佈局範圍（太極場）可以整個房子或以客廳為範圍，以住家單位的大門為主，在進門斜對角的聚氣位（財位）上，找佈局位置，最好挑選角落的兩邊有實牆可做靠的那個為主。

步驟二：測量太極點在房間里的方位

以圖 77、78 為例，在進門斜對角的聚氣位（財位）上，方位落在公司或辦公室的「東北方位」裡，另一個角落就不考慮了，因為剛好位於「門沖」的位置上，盡量避免。

步驟三：根據方位鎖定宮位，檢查該宮位裡是否有對應所求的「吉門」

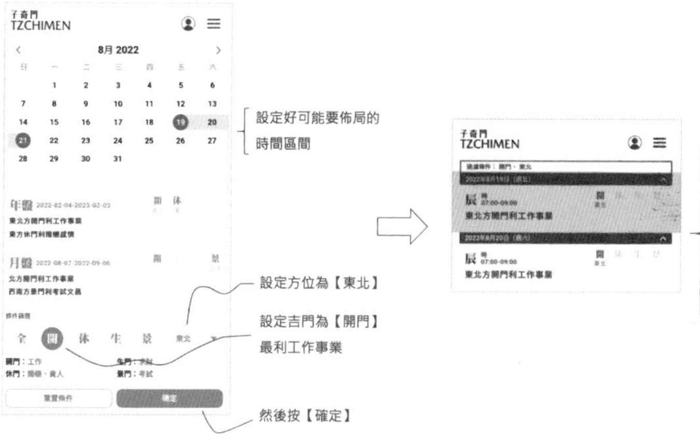

圖 80：設定好條件，時間區間、方位、吉門，「奇門曆」程式就能把所有的「吉時」找出來。

接著查看「奇門遁甲辨方擇時」速查表，對應的「東北方位」在左下角，顯示為「艮宮」，因為我們要佈的是提升工作運勢、升官加薪，幫助事業宏圖大展的事業官祿局，所以選用「開門」最有利於「工作事業」。

但是，如果佈局位置的方位裡沒有直接對應所求事項的吉門又該如何？這時可以選其他吉門，例如在東北方的「艮宮」裡也可以挑選「景門」，「景門」也為吉門。

步驟四：先開「奇門曆」程式選擇吉時

接著一樣是選擇吉時來佈局，假設今天是二〇二二年八月十八日，我們就設定好時間範圍是從二〇二二年八月十九日（五）至二〇二二年八月廿一日（日），同時勾選

「開門」及「東北方」，最後按「確定」鍵，這時程式就將可以佈局的吉時都排列出來了。

步驟五：再依吉時開「奇門盤」程式看宮位是否有對應所求的「神/星」

「值符」/「九天」+「開門」：佈工作事業局，宮位內的首要重點符號在「開門」，其次最好還要有代表值掌符令的八神符號「值符」，或能更上一層樓的「九天」。

為了挑選更佳的吉時，再來我們可以打開「奇門排盤」程式，記得選擇的「排盤系統」為「時盤（置閏）」，輸入由前面「奇門曆」程式挑選出的吉時（請參看圖80）。從第一個吉時開始，打開奇門盤，盯著左下角的宮位，艮宮，看有沒有出現「值符」或「九天」的符號，宮位裡如果有「開門」+「值符」或是「開門」+「九天」，那就對了，就是它了。

結果第一個吉時就找到了！「二〇二二年八月十九日（五）辰時早上七點到九點」這個時辰，可以選來佈有利於「工作事業」的官祿局。如果買佈局吉祥物品時間上來不及，也可以挑第二個吉時，八月二十日（六）辰時早上七點到九點再來佈局。

宮位還有一個特殊符號，稱之為「馬星」，就是標示在宮位裡右上角的一個「馬」字。「馬星」代表「速度快」，代表「馬上」。佈局時選擇的吉時若恰巧出現「馬星」，還可加碼，加佈一匹「馬」的吉祥物，象徵「馬上升官」，「馬上發財」等等，同理可推。

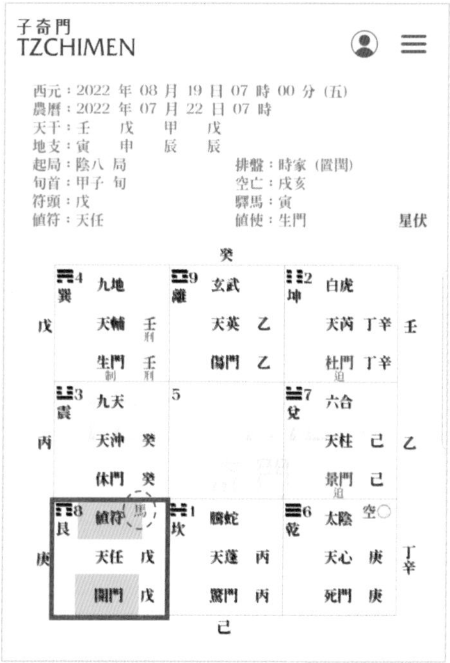

圖 81：時辰 2022 年 8 月 19 日 7:00 ~ 9:00 am，宮位裡同時出現「開門」+「九天」。

步驟六：風水物的準備及淨化加持

接著準備象徵增進工作事業的擺飾品。主要有一項，就是擺一條「龍」造型的飾品，象徵「值符」或「九天」的權貴，任何材質、顏色的飾品皆行。然後在佈局前，先將準備好的這些吉祥物進行淨化及加持，方法同上節所述。

步驟七：在吉時擺放風水物及祈願

最後，等吉時一到，先於佈局場地位置，掃地擦桌，一一畫8字形∞，擺上風水吉祥物後祈願，步驟原則同佈感情和合局一樣，至此就大功告成了。

第四節 佈財運亨通局

增加店面公司生意，提升個人財運

沒有一個人不想發財，尤其是經營公司、開店做生意，財乃養命之源，更是企業的血脈，為了理想而奮鬥，做自己喜歡做的工作固然很棒，但推展事業、做生意沒有賺錢，又何談理想？何談成就？精神與物質的需求若不能平衡或有缺，則個人的快樂不會持久，企業也只會曇花一現。

奇門遁甲的催財局，正式名稱為「奇門天星催財局」，乃我在二〇一六年於台灣教授奇門遁甲時首度釋出。推出之後，一時洛陽紙貴，造成轟動。當時，台灣冒出了很多打著奇門教學的課程，很多教授奇門遁甲的老師，多以此為標榜，開課來吸引大量學員學習奇門遁甲。「奇門遁甲天星催財局」一時鬧得沸沸揚揚，炙手可熱，因為利益所趨，沒有人不想賺錢的，搞得學習奇門遁甲只剩下學到如何催財，實非我本意。

奇門遁甲催官重八神（神助），催財重九星（天時），辦事重八門（人和）。

因為仕途想順利，自己努力也要有人提拔，正所謂「朝中有人，好辦事」，神大於人，奇門遁甲的八神，講白話一點就是地位高於自己、比較有辦法的貴人。想在仕途上快速發展，有所成就，能升官晉爵，除了自己的努力，也要有機運遇到願意拉你一把的貴人，所以什麼叫做「神助」，就是有貴人幫，助你一臂之力，這也是形家風水裡的左青龍，左邊要有靠，要有靠山，幫扶，給你撐腰提拔。

而奇門遁甲的九星，代表的就是「天時」，天時，狹義的講就是季節氣候，種蔬菜水果，重在對的季節裡，才能種出肥美飽滿的果實，大豐收！種錯了季節，太早太晚，不僅收成不好，還賣不出去。天時，廣義的講就是趨勢與潮流，選對了時機、搭上了趨勢與潮流，未來才能事半功倍、水漲船高，才有大的發展性。

所以奇門遁甲的九星佈財催財，其實催發的、或帶來的，是一種發展性，是一種機會，它不是催了財後，就每天躲在家裡喝可樂、看影片，不去工作，不去找客戶，財就會從天上掉下來，讓你可以不勞而獲。即使黃金搬到你家門口，你也得花力氣把它從門口扛進家裡。

好比一個推銷保險的業務人員，原本邀約時都沒啥客戶願意見你，現在催了財了，邀約機會變多了，甚至客戶還幫你轉介紹，這時你反而要更加努力的銷售、創造業績，期使這一波的努力，能大大的增加客戶數，然後更盡責的做好服務，就能躍升一個等級，成為百萬或千萬金牌業務員。所以只要佈了奇門九星催財局之後，第一個明顯的現象是，你會開始變得忙碌，做店面生意的客人變多了，做生意的，生意訂單變多了，做業務的，邀約變多了，開始忙碌起來了。以前到處邀約、搶訂單、拉客人，都沒什麼成效，現在機會變多了，成交率變高了，甚至多年未見的朋友、同學、客戶都跑出來找你談生意了。

奇門催財，催的是生意的機會，不是催了財後突然中樂透，突然有意外之財，此其一。上班族應著重於催官，因為上班族領的薪水，財源是固定的；開公司的、做業務的、搞生意的、弄店面的，比較需要有客戶、生意機會的、要多點財源財路的，著重於催財，此其二。還有，常說自己沒有機運，沒有客戶訂單，現在催了財，好比鳥在天上飛，遇上順風，反而更應努力，振翅飛翔，把距離拉大，把握機會，賺飽賺足人生的第一桶金，不要浪費了人生難得的好機運，此其三。

「奇門遁甲佈天星催財局」的佈局方式與上述略有不同，考量較多，具體的步驟及流程如下：

「奇門遁甲佈天星催財局」的七大步驟及流程

步驟一：選擇店面、公司、或住家裡的佈局空間及位置

一般佈天星催財局，做店面生意的、開公司經營企業的，可以直接佈在店面或公司裡，以整個店面或公司為範圍（太極場）找財位佈局。

如果沒有自己的店面或公司，也可以佈在家裡的客廳，或以家裡整個客廳為範圍（太極場）找財位佈局。店面、公司、或家裡客廳的吉方位，就是傳統上一般風水裡的「財位」，在進門斜對角的聚氣位（財位）上。

步驟二：測量太極點在店面、公司、或住家裡的方位

以整個店面、公司、或家裡為範圍（太極場），在其中心點打開羅盤，測量佈局位置的方位。如圖82所示，假設我們要在店裡佈天星催財局，挑選的佈局位置剛好是座落在店面西方的「兌卦」裡，則可以將象徵財星的水晶球及聚寶盆，直接放在收銀台上。

步驟三：根據方位鎖定宮位，檢查該宮位裡是否有對應所求的「吉門」

佈財局，主要是找「生門」，「生門」就是

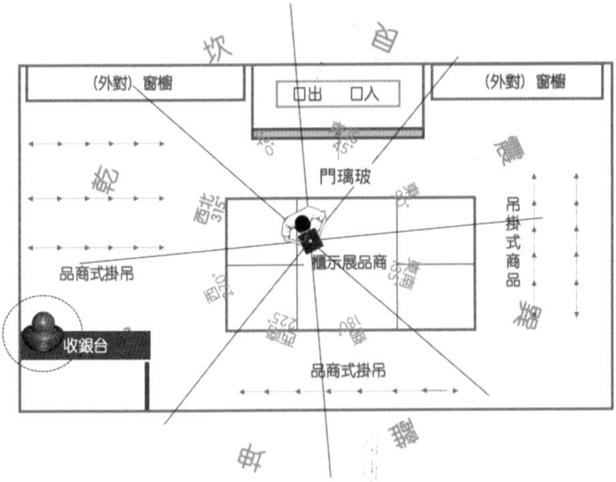

圖 82：可以把象徵財星的水晶球及聚寶盆直接擺在收銀台上。

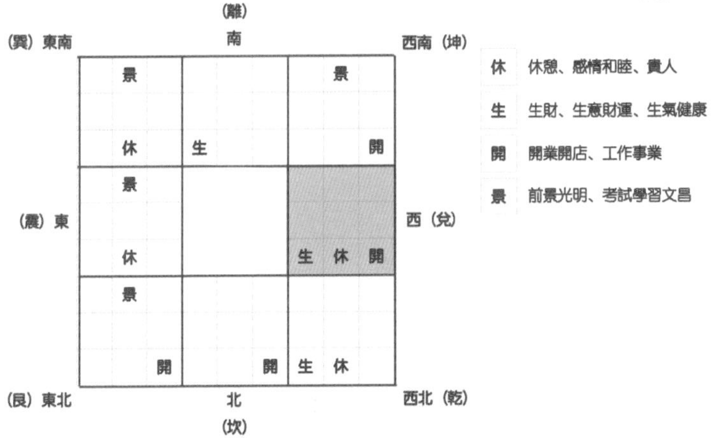

圖 83：「奇門遁甲辨方擇時」速查表（先只看宮位裡是否有吉門可用）。

奇門時空下的財位或財方。

接著查看圖84的「九星為財星」速查表，可見只有三個宮位有生門，分別是南方的「離宮」、西方的「兌宮」及西北方的「乾宮」，我們所選的財位剛好對應的是「西方」的「兌宮」。因為我們要佈的是增加店面公司生意、提升個人財運的天星催財局，所以得選用「生門」，才能有利於「生財及財運」。

必須特別提醒的是，如果所選佈局位置的方位裡沒有「生門」又該如何？這時不宜像佈感情和合局、考試文昌局或事業官祿局一樣可以選其它吉門，因為只有「生門」的宮位在奇門裡才能稱之為「財位」，而「生門」宮位裡的九星才可以稱之為財星。當然還有其它的財位可以選擇，但因為跟擇日有關，隨時間而變動，也比較複雜，得另外參加奇門課程學習。

除了選用對應所求的奇門符號「生門」，還須選用對應宮位裡「得地」的「九星」，即所謂的「財星」（例如在圖84的「九星為財星」速查表中，西方兌宮只有天柱、天芮、天心、天任星才稱為「得地」的財星，除了這四顆星，其餘的九星在兌宮無法發揮其催財的效果）。

- 南方「離宮」：選用「天英星」、「天沖星」或「天輔星」。

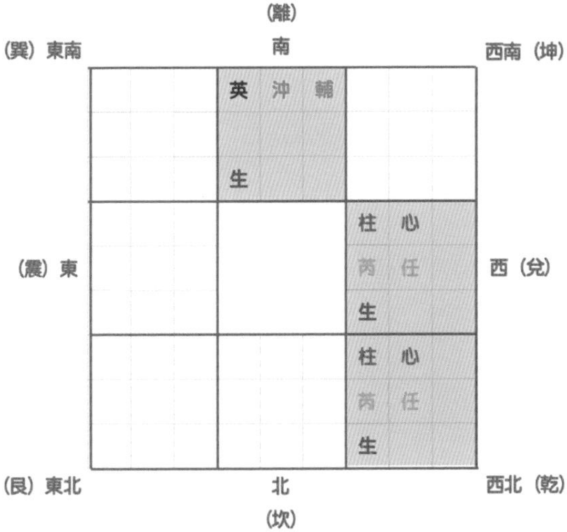

圖 84：「九星為財星」速查表。

- 西方「兌宮」：選用「天柱星」、「天心星」、「天芮星」或「天任星」。
- 西北方「乾宮」：選用「天柱星」、「天心星」、「天芮星」或「天任星」。

步驟四：先開「奇門曆」程式選擇吉時

接著同樣選擇吉時來佈局。假設我們設定好時間範圍是從二〇二二年七月十日（日）至二〇二二年七月十七日（日）一個星期的時間，同時勾選「生門」及「西方」，最後按「確定」鍵，這時程式就把可以佈局的吉時都排列出來了。

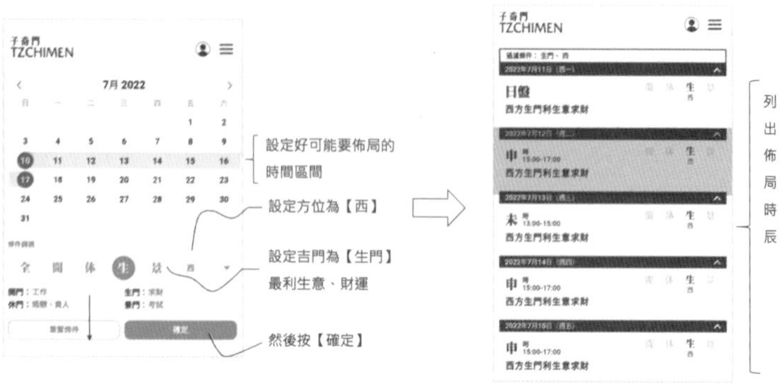

圖 85：設定好條件，時間區間、方位、吉門，「奇門曆」程式就能把所有的「吉時」找出來。

步驟五：再依吉時開「奇門盤」程式看宮位是否有對應所求的「神／星」

從第一個吉時開始，打開奇門盤，盯著右邊中間的宮位，兌宮，看看有沒有出現「天柱星」、「天心星」、「天芮星」或「天任星」的符號，結果第一個時辰的奇門盤裡，西方「兌宮」裡的九星是「天輔星」，兌宮雖有「生門」，但天輔星沒有出現在圖86右方表格的兌宮中（因為天輔星在兌宮中不得地），所以「二〇二二年七月十二日（二）申時下午三點到五點」這個時辰就不能用。

接著輸入下一個由奇門曆所挑選出來的吉時，繼續往下找，結果在第二個時辰「二〇二二年七月十三日（三）未時下午一點到三點」，找到了西方「兌宮」裡的九星是「天任星」，這個時辰就可以選來佈有利於「生意及財運」的催財局！

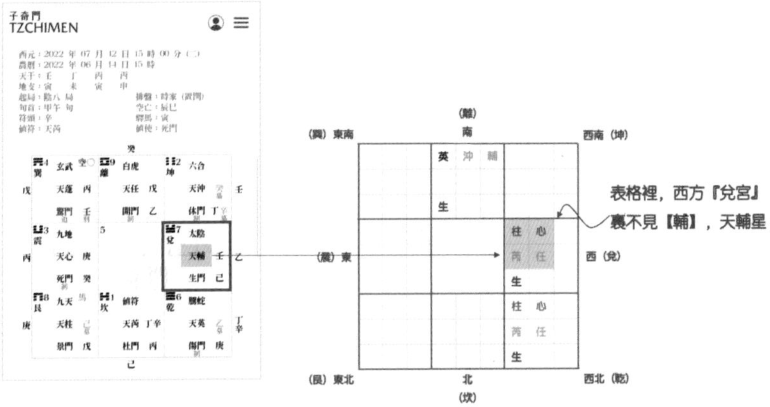

圖 86：右方表格中，西方「兌宮」不見「輔」，因為天輔星在兌宮沒得地就不能用。

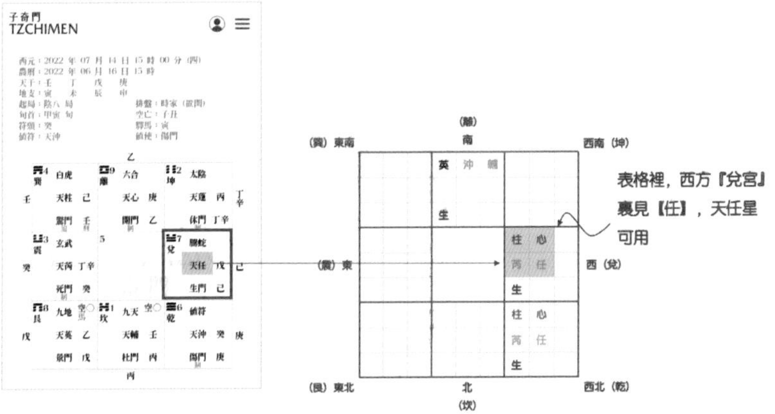

圖 87：右方表格裡，西方「兌宮」裡見「任」，天任星可用，這時辰為吉時，可用來佈財局。

宮位	天星	選用水晶球
南方「離宮」	天英星（火）	紅色、紫色或粉紅色水晶球
	天沖星（木）	綠色水晶球
	天輔星（木）	綠色水晶球
西方「兌宮」	天柱星（金）	白色水晶柱
	天心星（金）	白色水晶球
	天芮星（土）	黃色水晶球
	天任星（土）	黃色水晶球
西北方「乾宮」	天柱星（金）	白色水晶柱
	天心星（金）	白色水晶球
	天芮星（土）	黃色水晶球
	天任星（土）	黃色水晶球

最後把這個時辰記錄下來，整個選擇吉時的步驟就完成了。

步驟六：風水物的準備及淨化加持

再來準備佈局物品。主要是將一顆對應九星五行顏色的「水晶球」（天柱星可用水晶柱），置於擺滿「五色石或水晶（紫黃白黑綠）」的「聚寶盆」裡。

佈奇門天星催財局，最重要的是要擺一顆對應財星五行顏色的水晶球，這是必備的。至於「聚寶盆」，則是視個人情況添加上去的，即使只擺一顆水晶球也可以。「聚寶盆」可自行製作，一般可於其內擺放五色石（紫黃白黑綠）或五色碎水晶，其上可再加上鈔票、元寶等象徵金錢財富的物品，若在店面裡佈局，也可加擺發財樹、招財貓等吉祥物。

在佈局前，我們將準備好的這一顆「水晶球」、「五色石或水晶」及「聚寶盆」先進行淨化及加持，方法同上節所述。

步驟七：在吉時擺放風水物及祈願

最後，等吉時一到，先於佈局場地位置，掃地擦桌，一一畫8字形∞，擺上裝上水晶球的聚寶盆及其他招財吉祥物後祈願，步驟原則同前述佈局一樣，至此就大功告成了！

接著就努力賺錢等著發財囉！通常三個月內會有明顯的效果。

第 4 堂課

斷捨離改運法

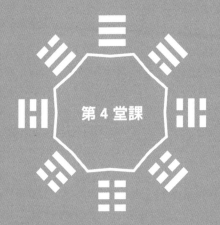

第一節 「斷捨離」讓你的生活出現全新的改變

「斷捨離」這個名詞源自於日本，意為「斷絕不需要的東西、捨去多餘的物品、脫離對物品的執著」。從心靈層面來看，可以透過斷捨離方式，藉由整理物品、捨棄無用之物，還以乾淨整潔場所，讓心情舒暢愉悅並期待會有好事發生。正所謂「壞的不去，好的不來」，丟掉物品，除了心會變得清爽，運勢也會跟著提升。因此，當你因為失戀或工作失誤、人際關係的齟齬而糾結的時候，這時最好馬上進行斷捨離。

丟掉東西、整理環境，就開運的觀點來看，是為了「讓氣場更好」。丟掉東西的房間更通風，讓氣場更好。當你覺得煩惱、迷惘，遲遲無法前進的時候，就進行斷捨離吧！當你的內心和房間都處於通風良好的狀態，運氣也就會隨之上升。

其實，也不一定只丟掉房子裡的東西會轉運，很多女孩子失戀了、遇到挫折心情不好了，常常會去理髮店剪個頭髮、換個髮型。因為換個髮型，換個心情，重新出發。這在奇門遁甲裡稱之為「置換法」，尤指除了奇門遁甲「乙丙丁三奇」之外的「第四奇」——「辛」天干的用法。

十天干中，辛天干五行屬金，金為刀、為剪、為革除，「辛」發音又與「新」、「心」音同，代表改革自新、創新，代表心想事成，所以「辛」可以置換，也就是「去掉不好的」，「換成好的」，重新做人、重新出發，改變新的心態、新的行為作法，煥然一新，重新開始，擺脫掉霉運，迎向嶄新、充滿契機好的未來。不要再跟不好的人事物糾葛牽扯不清，把不好的移開，別在那擋路，好的人事物、好的運勢才有機會進來！

在股市裡這叫「換股操作」，換掉長期被套牢的股票，改買有潛力的、準備上漲的潛力股。這道理其實很「簡單」，但做起來很「難」，為什麼？因為捨不得、放不下、忘不了、不甘心，甚至往往安慰自己，我這是「投資」，長期抱著、守著，等待一個未來不會有太大機會翻轉的股票，長期持有，等著「解套」。其實，這跟遇上了一個渣男，不願離開他一樣；跟待在一份未來不會有發展的工作一樣；跟環境變了，但仍堅持死守著一個賠錢的店面生意，道理都是一樣的。只要停損了，斷了他、離了他、換了它，就有機會改變，就有可能轉運！趨吉前須先避凶，避開一切不好的人事物，別老跟它們攪和在一起、糾纏在一起，結果導致被拖累了、或阻擋了你追求幸福的未來！

什麼叫「斷捨離」？（不只是東西，人事物都是一樣的）

×斷：斷絕不需要的東西（人事物）！
×捨：捨棄多餘的廢物（人事物）！
×離：脫離對物品的執著（人事物）！

但是突然要你「丟掉東西」，不習慣丟東西的人、對物品的執著過於強烈的人也許會感到煩惱。「捨不得」、「太浪費」、「好可惜」，這些都是造成住家與辦公室堆積如山的致命想法，有的人甚至不知道要丟掉什麼、丟掉多少，才算得上是斷捨離。其實「斷捨離」很簡單，只需要以「自己」而不是「物品」為主角，去思考什麼東西「最適合現在的自己」以及「讓自己感到最愉快也最常用」，只要不符合這個標準的物品就請淘汰，送人或遠離。

要想達到斷捨離的效果，在某種程度上，必須有「我丟了好多東西」、「我丟得很徹底」、「真是太清爽了」的實際感覺。「狠下心丟掉」的感覺，正是讓你的屋子與內心通風良好的感覺，那是種難以言喻的爽快感。對，就是這種感覺，一種爽快、一種輕鬆、一種卸下重擔煩惱的感覺！好像剪頭髮，剪掉一頭三千煩惱絲的舒爽感！透過「斷捨離」的實際操作，讓你整個人煥然一新！

「斷捨離」並不是主張簡樸或清貧的生活，而是藉由對物品進行「減法」來為自己的生活加分。在每個當下都只使用最少量，但最好、最適合自己的東西，如此一來，不僅周圍的環境變得清爽，連帶也會改善我們的心靈層面。更奇妙的是，「斷捨離」是個自動機制，只要一旦開始行動，這個過程就會不斷循環，從外在到內在，有重獲新生的感覺！

你的房子應該是住家，而不是倉庫；收納不必要的物品，即便花很多力氣整理歸納，也只是在家裡做垃圾分類。能被使用的物品才有它的價值，否則都只是不同材質的垃圾罷了！

一個居家環境空間是非常需要新陳代謝的，不只窗戶要打開，讓空氣流通，不需要的物品也不應該佔用空間、佔用走道，不要的就是該丟掉。如果因為很多的顧忌，而無法丟掉根本不需要的物品，那你就算打掃整理再多次，其實也只是把家當成一個大的垃圾場，不斷地把垃圾搬過來搬過去而已。整理分類得再好，只是在家把垃圾分類做的很棒，但那不算是「斷捨離」。

住家就跟腸道一樣，堆滿廢物就會產生影響心靈的廢氣，讓自己陷入中毒狀態，只有對現在的自己來說最必要、最適合，仍有存在價值的物品，才值得被保留。

分清楚NEEDS、WANTS，買東西只買必要的，想買房買車就不是問題

斷捨離就是教你切斷生活中不需要的物品、捨去不必要的東西、從對某些事物的執著中離開。所以當你習慣這一切之後，你在購物時會先思考，什麼是必要的？什麼只是想要的？有辦法選擇自己真正必要的、需要的東西之後，自然就會排除購買不需要的東西回家，也因此減少了亂花錢的機會。

居住空間主角，是人不是物

「斷捨離」主張人們應該對一切不需要、不適合、不愉快的人事物都斷絕離捨，像是許多人的住家中，充滿了用不到、捨不得丟的東西，宛如住在倉庫裡，造成活動的動線狹窄，可能連做個伸展操的空間都沒有。

在CD全盛的年代，聽過熱愛音樂的朋友竟然CD多到擺滿床的周邊，只能蜷縮在一角睡覺，不知不覺間，臥室的主角是CD而不是人。

想要擁有清淨舒爽的空間，必須在物慾、購買慾發作前，建立「斷絕帶任何用不到的東西回家」的概念。例如家中已經有無數用不上的環保袋，就不需要大排長

龍去領百貨公司的來店禮購物袋，任何帶回家的東西都要使用，備品不必存貨太多，否則也只是在家中堆積垃圾。

「懂得離手」是為了身心健康

東方人講究風水、氣場，就科學的角度來看，必是空氣流通、光線充足、空間寬敞、收納整齊。「斷捨離」的概念是東西越少，人的身心才得以充電；東西過多，人的精力就會漏電；越是亂七八糟的屋子、桌面就越懶得整理。就心理層面而言，從對物的執著中抽離，清爽的空間與思緒，會讓人變得更優游自在。

斷捨離會改變你的生活

當進行了斷捨離之後，你會發現家中忽然變得乾淨俐落，而環境的改變，也會間接地影響到心境的轉變！

- 時間會變多：因為家中物品減少了，再也不用花費大量時間整理家務。
- 可以好好享受生活：以前礙於家中擁擠無法好好享受生活，現在無論在家中哪一個角落，都很乾淨清爽，可以盡情的享受生活。

- 居家環境變得時尚高雅：Less is more，東西少，但低調高尚有品味，就算環保樸實也可以很時尚。
- 不再與他人比較：施行斷捨離生活後，會發現「簡單就是美」，不是「多」才叫「豐盛」，可以再也不用跟別人比較，不再在意別人目光，享受做自己的單純快樂。
- 專注力會跟著提升：斷捨離後，東西變少了，更能提升「專注」與「聚焦」。
- 做事也會變得主動積極：對於習慣簡單的生活之後，主動積極的態度已成為習慣。
- 活在當下：只保留僅需物品，而不因回憶或對未來的不安囤物，這就是活在當下的最佳表現。
- 感恩惜福：對於保留下的物品，充滿著感恩與珍惜的觀念，間接也會養成感恩惜福的習慣。

我們生活中已經背負了太多責任與心煩的雜事，回到家裡，就把這些煩惱、負擔、壓力，通通留在外面，好好在家享受輕鬆，乾淨，輕爽，舒適，有品質的生活！

第二節 奇門遁甲的「萬物相干論」

在前幾堂課，主要談的是「趨吉」，不管是在房子、店面、公司裡「調座位、床位、收銀台」或「擺吉祥物佈風水局」，抑或是「走吉方」、「做行為風水」，都是透過奇門擇時空汲取天地之間的能量以提升自己的運勢，這都算是一種外加、補充好的能量的方式。

另一方面，運勢不好、做事不順，也可能是因某些因素的影響，阻礙了自己的運勢，使得運勢或辦事時有了阻礙或困難，造成了事倍功半或做事不順利。有了好的人事物的加持及護祐，運勢順利，事情的進行如有神助，未來前景一片光明；相反的，遇上了不好的人事物的阻礙或困擾，運勢不順，功敗垂成，未來前景一片黑暗。

所以，在房子或店面公司裡「坐錯位置」、「擺錯東西」，或是「走了凶方」、「做錯行為」，也有可能形成不利的影響，造成我們運勢的不順，譬如夫妻失和、學業事業不順、財運不佳、生病開刀、犯小人等等，狀況連連。

要運勢好，既要「趨吉」也要「避凶」，除了不要跟不好的人事做牽扯，房子或店面公司裡的物品如果擺錯東西或擺在不對的方位，也會影響居住人的運勢。古人講：「有其形，必有其靈」，這裡的「靈」不用說的太玄幻，「靈」就是一種能量，一種振動，一種頻率，就是一種作用力。正所謂：「有一物必有一象，有一象必有一事，觀物定象可以知吉凶」。

奇門遁甲在改變或調整運勢的一條重要法則，稱之為「萬物相干論」，也就是萬事萬物之間，無論是天象（日月星辰）、地象（山川大地）、人象（接觸的人）、物象（一幅畫、一個魚缸）、意象（自己或他人的意念、想法）等，彼此是互相關聯、相互作用的，而且都可能會影響或作用於人。

美國著名的大衛．霍金斯博士（David R. Hawkins）在他的著作《心靈能量：藏在身體裡的大智慧》一書中曾提及，他運用「肌肉動力學」的原理，經過近三十年的臨床實驗研究，累積了幾百萬筆數據資料，發現人類各種不同的意識層次，都

圖 88：進行肌肉測試時，受測者將其中一隻手臂伸直，指導員會施力在她的手臂上，將它往下壓。

有其相對應的能量振動頻率。

「肌肉動力學」，一般稱之為「肌肉測試」，用來測試肌肉本身是否能夠在瞬間正常啟動。進行肌肉動力測驗時，指導員會請受測者將其中一隻手臂伸直，與肩同高，之後指導員會施力在受測者的手臂上，將它往下壓，此時會要求受測者抵抗指導員的施力，以維持住手臂的高度。除非受測者的肩膀有受傷或異常，大部分受測者都能將其手臂保持於原位，並感到能「紮實穩固」地抵抗指導員的施力。

結果很驚訝的是，當受測者將噴灑過農藥的蘋果拿在一隻手上，而另一隻手臂伸直，指導員施力在受測者的手臂上，將它往下壓時，受測試者皆表現為肌肉無力，即使將噴灑過農藥的蘋果藏在盒子裡，讓受測者拿著，受測者在不知情的情況下也都表現為肌肉無力。拿著「對人體有利」相關的物品，例如聖經、佛經、優質的書籍等，受測者的手臂會呈現「有力的模式」；相反的，拿著「對人體不利」相關的物品，例如噴灑過農藥的蘋果、香煙等，受測者的手臂會呈現「無力的模式」，指導員只要壓一下受測者的手臂，受測者的手臂都會輕易的被壓下去。

更神奇的是，讓其他人站在受測者的背後，心中默唸著或是想著一些負面的字眼，受測者的手臂會呈現「無力的模式」；若是正面的字眼，受測者的手臂則呈現「有力的模式」，也就是說，每一個想法、情緒、詞語和行動，也都有對受測者產生相干的模式，即使在受測者沒有聽到、看到，在受測者不知情的情況下，也會受到影響。

所以下一次你到超市裡買蘋果，就可以一手拿著蘋果，由老婆或老公幫你做一下肌肉測試，就可以知道這蘋果新不新鮮，或是有沒有過量的農藥殘留。

結論是，所有存在的一切，都有一定的意識和能量層級。不論是書籍、食物、水、衣服、人、動物，或是建築、汽車、電影、運動、音樂等等，統統都有一個確定的能量層級，而且會對人體作用。「對人體有利」相關的物品，會對人產生好的作用；而對「對人體不利」相關的物品，會對人產生不好的作用。所以居家或工作環境裡的所有物品，也會直接或間接對人產生有利或不利的作用。

中國人有一種習俗，就是農曆年節前夕免不了除舊佈新的大掃除，除了維護居家環境整潔，減少孳生病媒蚊或蟲害，打造煥然一新的舒適氛圍常保健康，更重要的是家裡擺得久的、舊的、髒的東西，會對人在運勢及健康方面產生不好的影響。只要每一年，至少做一次大掃除，運勢至少改善一半！

第三節 奇門遁甲的「拆物開運法」

居住的房子可以對應人的運勢及健康，房子的風水至少可以對應人的八大生活領域以及人的身體部位，讀者可參考我的上一本書，由「春光出版」所發行的《九宮奇門》。房子尤其不要買「缺角屋」，哪個方位有「缺角」，哪個方位就有

4 感情宮	9 名聲宮	2 家庭宮
3 事業宮	5	7 社交宮
8 資產宮	1 疾厄宮	6 權貴宮

4 左肩頸	9 頭	2 右肩頸
3 左手 左胸腹	5	7 右手 右胸腹
8 左足	1 生殖 泌尿	6 右足

4 股	9 目	2 腹
3 足	5	7 口
8 手	1 耳	6 首

4 肝	9 心、小腸	2 脾
3 膽	5	7 肺
8 胃	1 腎、膀胱	6 大腸

圖 89：房子的方位所對應的人事及健康。

「破」，對應該方位所主人事及健康就會有影響。不僅如此，在宮位、方位裡擺了錯誤的物品，也可能對宮位造成破壞，時間一久，難免也會形成不利的作用。

各宮位（方位）不適宜擺放的物品

坎 1 宮（北方）：

× 廚房調料、生活、浴室用品。

× 醫療器材、遺照、遺物、玩偶、木偶、人物雕像、雕塑品、繩索、刀劍。

坤 2 宮（西南方）：

× 金銀珠寶、貴重物品、財字、

福字。

✖雨具、鞋、水、茶、飲料、醋、油。

✖線圈（電線圈）、垃圾、雜亂骯髒、洗手間、廁所。

✖利器（如剪刀）、破損或殘缺物品。

✖內衣、口罩、書籍、報章、雜誌。

震3宮（東方）：

✖古董、舊物、陶瓷鍋碗瓢盆。

✖音響、電視、樂器、會發出聲響的物品。

✖錢包、珠寶、保險箱、時鐘、球類。

✖貴重金屬（戒指、項鍊、手鐲、金銀珠寶、手錶、小刀、鑰匙、錢幣）、水晶、刀具。

巽4宮（東南方）：

✖飲水機、洗衣機、跟水有關的圖片、茶、酒、油、醋、鞋、雨具。

✖音響、電視、樂器、會發出聲響的物品。

✖錢包、珠寶、保險箱、時鐘、球類。

乾6宮（西北方）：

✖木雕、藝術品、葫蘆。

✖灶、火爐、紅色物品、圓形物、眼鏡。

✖古董、舊物、陶瓷鍋碗瓢盆。

✖手機、電腦、電視機、照片、證書、合同、電器。

✖魚缸、飲水機、洗手間、廁所。

兌7宮（西方）：

✖手機、電腦、電視機、照片、證書、合同、電器。

✖灶、火爐、紅色物品。

艮8宮（東北方）：

✖燈、刀、尖銳的物品、手機、首飾、花。

✖線圈（電線圈）、垃圾、雜亂骯髒。

✖金屬製品、大型石製品、健身器材。

✖利器（如剪刀）、破損或殘缺物品。

✖內衣、口罩、書籍、報章、雜誌。

離9宮（南方）：

✖貴重金屬（戒指、項鍊、手鐲、金銀珠寶、手錶、小刀、鑰匙、錢幣）、水晶、刀具。

✖水、液體、鐘錶、馬達、電風扇、休閒器材、休憩的床、椅、鬆軟物。

應用此奇門遁甲的「拆物開運法」有二個訣竅：

一、即使在居住房子的某個方位，剛好有對應的物品，也不用太緊張，一樣物品擺在該方位，基本上也需要一段時間才會產生影響，通常是三個月至一年以上才會發生作用。如果運勢OK，沒發生啥不好的事，或身體也沒什麼毛病，也不必杞人憂天，自己嚇自己。人自己有自己基本的運勢及抵抗力的，只要家裡常打掃、保持整潔，不要堆積舊的、髒亂的物品太久，也不用過於擔心。

二、拆走，就是送走它，若講究點，拆的日子，可以用最簡單的方式，就是「建除十二神」來擇日。「建除十二神」依次為建、除、滿、平、定、執、破、危、成、收、開、閉。在農民曆上有一欄位，叫「值星」欄，欄內即以此十二字為序，周而復始。

其中「除日」，顧名思義，除日為除舊佈新之意，有掃除之意，掃除惡煞、去舊迎新的日子。為掃除惡照之日，宜沐浴、求醫、療病、擺放化煞風水用品、入宅、動土、開光、交易，開除員工、治理惡人吉利。忌：嫁娶、探病。「建除十二神」擇日辦事，各有妙用，茲列於下，提供給讀者參考，若能配合奇門遁甲出行辦事，效果更佳。

○「建日」

建日為與該月的月建地支相同之日，代表君主的意思，主健壯、旺相，萬物生育、強健、健壯的日子。

此日氣勢初啟，利於祈禱、求神、置產、招募人力、開辦事業、出行辦事。利於公務、利上官赴任、臨政親民、亦宜招賢，即是招請工作職員。

×忌：上樑、嫁娶、安葬。

○「除日」（可選此「除日」用做打掃或拆除之日）

除日為除舊佈新之意，為掃除惡煞、去舊迎新的日子。吉日，為掃除惡照之日，宜沐浴、求醫、療病、擺放化煞風水用品、入宅、動土、開光、交易，開除員工、治理惡人吉利。但追捕盜賊或搜尋失物則不利。

×忌：嫁娶、探病。

○「滿日」

滿日為豐收圓滿之意，意豐足充盈，豐收、美滿的日子。

算是吉日，宜開市、嫁娶、祈福、安床、立約、交易、求財、開倉庫、出貨財、補垣塞穴。

×忌：造葬、赴任、求醫。

○「平日」

平日為平常平穩之意，意為普通的日子。

平常日，宜修飾垣牆，也宜拜神、祝禱、款待客人。

×忌：出行。

○「定日」

定日為月令三合的日子，具有吉祥的意義。

吉日，宜祭祀、祈福、嫁娶、造屋、求嗣、納財、栽種、搬遷、動土、開井、購置不動產、入戶。

×忌：訴訟、出行、交涉。

○「執日」

執日為固執之意，固執、執著；品格操守，重視權威。有守成的意思。

宜補造，捕賊擒凶，納采、嫁娶、動土、入殮。

×忌：入宅、開市。

○「破日」

凶日，宜求醫、療病、破屋壞垣，忌動土。

破日為剛旺破敗之意，凶日，破敗，忌辦吉事。

○「危日」

危日為危險之意，危機、危險，諸事不宜的日子。

宜：入殮、破土、火化、進塔、安葬。

×忌：登山涉險，諸吉不利。

○「成日」

成日為成就之意，也為月支三合的日子，主成就、成功、完成，萬物成就的大吉日，凡事皆順。

吉日，宜開市、宴會、結婚、赴任、求醫、療病。修造、動土、安床、破土、安葬、搬遷、交易、求財、出行、立契、豎柱、裁種、牧養。

×忌：訴訟。

○「收日」

收日為收成之意，收成、收穫之意，辦事的好日子。

平常日，宜納財、捕捉納畜。

×忌：破土、安葬。

○「開日」

開日為開放之意，為開始、開展的日子，適合各種各樣事情，辦之可成。吉日，宜祭祀、祈福、嫁娶、求嗣、赴任、動土、開市、栽動、安葬。

×忌：訴訟、安葬。

○「閉日」

閉日為堅固之意，關閉、緊閉之意，是日事務宜閉不宜開，宜收不宜放。平常日，宜築堤防，補垣塞穴、安門、伐木、修造、動土。

×忌：出行、嫁娶。

第 5 堂課

出行辦事開運法

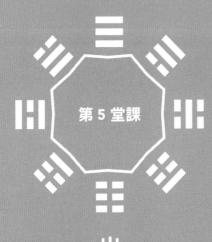

第一節 奇門遁甲改變運勢的方式類型

奇門遁甲改變運勢的方式可以分為三大類型：

第一種類型：屬於「靜態的地利」方面的應用，跟「房子的風水」有關，屬於比較持續性的、長期性的運勢改變。

例如想提升這段時間或今年的感情、工作、錢財方面的運勢，是一種能量位階的提升，前面三堂課的「**調整座位**」、「**擺吉祥物佈局**」及「**拆東西**」就屬於這個類型。

「**調整座位**」：它其實就像請風水師觀星斗堪地形，找到藏風聚氣的風水寶地，定位房子的座向，然後蓋房子，讓人住在裡面，透過天地吉炁的匯聚，提升住在這房子的人的運勢。

而我們的「調整座位」，其概念原理是一樣的，只不過是將常常出沒活動的地域空間，縮小了換成自己的房子、公司或店面為空間的範圍（不用搬家，在自己可

大風水：堪輿

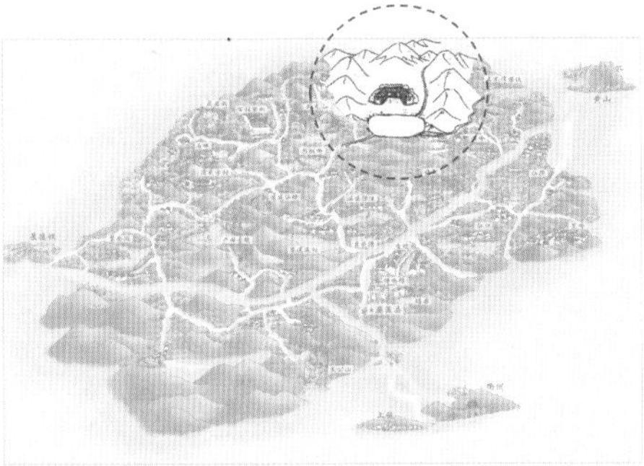

小風水：奇門

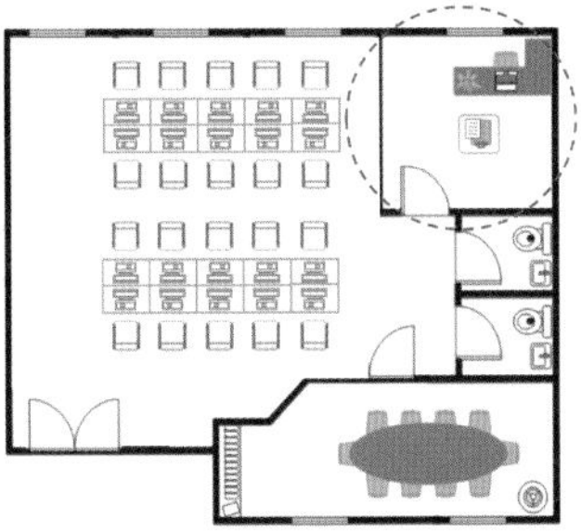

圖 90：奇門又可稱之為「小風水」，可以補大風水的不足，它機動性強，收效快速。

以掌握的空間範圍裡），從中找個能藏風聚氣的好位置，選擇吉時調整床位、桌位或收銀台（機）的朝向，讓人坐著、躺著、站著時能納到吉氣，提升個人的感情、工作、學業、賺錢的運勢。

一個是以地理區域為太極場，另一個是以房子為太極場，原理方法相同，一樣的。

所以傳統的陰陽宅風水，稱之為「大風水」，十年尋龍，三年點穴，選址定向，找到龍穴，造建陰陽宅，其目標是希望能出皇帝宰相，能出官貴發大財，旺三代的；但奇門可以「補不足」，補什麼不足？補大風水的不足。升斗小民的祈求沒那麼大，一來沒時間等，二來也買不起福地，只希望這陣子或這幾年生意能好點，財能發點，工作能順利點，感情能好點。因此奇門又可稱之為「小風水」，專門補大風水的不足，它機動性強，收效快，符合現代人普羅大眾的需求，不需滿山遍野找寶地，不需曠日費時的等待，不需旺三代，能旺個三年就滿足了；不需出官貴，能工作順利，升個職，就很高興了。

「擺吉祥物佈局」：就像在家中安神位，你也可以視「神像」為人格化的吉祥物。各位可以看到很多店面、公司或住家會安神位，其目的就是希望能藉由神祇的力量，保祐自己的生意能財源滾滾、鴻圖大展。基本上所謂的神祇，祂就是一種沒有形體、但具有能量的意識團，只是我們將祂擬人化，給了個名字好稱呼祂。

中國人常講一句話：「有其形必有其靈，以形補形。」具有相同幾何結構（同構）與形狀，象徵訊息所對應的兩方，互相之間能產生聯繫、傳遞能量與訊息，彼此共振，這其實是一種量子物理所談的「量子糾纏效應」（quantum entanglement，這部分子奇老師在課堂上會講解得更詳細，還有解密的影片，說明到底為何會產生量子糾纏，量子彼此之間是如何糾纏在一起的）。

在上一堂課裡，我們在住家、辦公、做生意的地方，擺上對應奇門符號象徵的吉祥物品，例如「值符」擺「龍」，「天任星」擺「水晶球」，其原理就像是安神位般，只不過連結的對象不是特定的神祇，而是宇宙裡日月星辰的能量，讓它與這風水物發生相應共振，是一種「引炁入宅」的方式。就像在家裡安裝了一個接收器與發射站，將我們所求、對我們有利的日月星辰的能量，投射到我們所在的地方，幫助且提升我們的財運、感情運、官運等等。日月星辰也都具有意識與能量，像古埃及的太陽神，甚至有名字的，稱呼為：拉（Ra），從第五王朝（公元前二千四百九十四年至公元前二千三百四十五年）開始，成為古埃及神化中最重要的神，被看作是白天的太陽。

「**拆東西**」：同樣道理：「有其形必有其靈」，好的物品能招來好的能量，帶來好的運勢；髒的、舊的、不好的東西、擺不對地方也會引來不好的能量，帶來壞的運勢。這在奇門風水佈局裡是最基本的兩個手法：「拆法」及「補法」。

對我們不利的、我們不想要的、想要避開的人事物，如小人、疾病、官司、災禍等等，在房子裡找到對應的物品將它拆了，這叫「拆法」，是「有中化無」、是「避凶」；對我們有利的、我們想要的人事物，如升官、加薪、伴侶、財富等等，生活中沒有卻想要有，就補上它，也就是找到對應的物品（吉祥物），將它擺在房子裡，這叫「補法」，是「無中生有」、是「趨吉」，而發生改變的關鍵在於「時間」及「空間」。

第二種類型是屬於「**動態**」方面的應用，跟「**人的行為**」有關，屬於比較臨時性的、短期性或一次性的的運勢提升。

例如明天約客戶談保險想成交，後天要考試了想考好，下個月有一場重要的新產品發表會想要產品賣得好，約了個女孩想告白成功，這筆生意想談成等等。只要出門辦事，不管是什麼事，想多幾分勝算，提升運勢，心想事成，都能應用得上，而且收效快速，常有驚奇。這是針對短期的或一次性的特定事項，想要事半功倍，快速達成目標的方法，這堂課及下一堂課的「**走吉方**」及「**做動作**」就屬於這個類型。

「**走吉方**」：其實就是奇門遁甲裡赫赫有名的「**奇門出行訣**」（又名大氣造運術）。

奇門出行訣（又名大氣造運術）：選擇有利的時間與方位去出行、辦事、或沐吉氣，讓我們辦事可事半功倍或提升運勢。如接洽客戶、銷售談判、開市開工、考試面談、投資買賣、相親結婚、求醫祛病、出差旅遊、拜拜祈願等，「奇門出行訣」搭配「行為風水」，效果更佳。

我在上一本書裡曾用了一堂課的篇幅來說明「奇門出行訣」的應用，讀者可參考筆者的上一本著作《九宮奇門》，裡面有更詳細的介紹。

「奇門遁甲」號稱為「帝王之術」，其中最厲害、最神奇的應用，就是根據「方位」選擇「吉時」去做事，不管做任何事，想要增加勝算，都可以選擇有利的奇門時空去做事來提升運勢。歷來據稱兵事專家如姜子牙、范蠡、張良、諸葛亮、劉伯溫等人都曾使用過奇門遁甲，所使用的主要就是「奇門出行訣」的應用。

奇門遁甲在中國古代主要用於國事、兵法方面，而流傳至現代，「奇門出行訣」最適合用於商戰，舉凡商務接洽談判、銷售簡報、公司會議、年度計劃發表、新產品上市等等，只要會用奇門盤選擇有利的時間及方位，去進行這些重要的商業活動、業務，都能幫助您提升運勢，達成目標，完成使命！

第一堂課曾提到，「奇門遁甲」是一門「時空能量學」，我們可以藉由奇門遁甲的計算（開奇門曆或奇門盤），事先在地圖上找出預計要前往辦事的方位，鎖定對應奇門盤的宮位，然後選出該宮位內有「休門」、「生門」、「開門」或「景門」吉門的時辰，約定對象在該時間內碰面，等吉時一到，再前往有吉門的方位去辦事，例如談生意或約會等，事情往往進行得非常順利，且常常會有意外的驚喜。

簡單舉幾個之前的應用實例，我有一位學生的朋友是個博士，五年來一直想擠進大學擔任教授，卻總不如願。好不容易得了個面試的機會，剛好我這學生習得了「奇門出行訣」，就想試試幫他取得這份教職。因為這學校在台北縣，面試當天從台北市前往該學校是往北方行進，而當天的奇門盤（選用日盤，日盤一天內有效），北方「坎宮」卻不得吉門，但南方卻有「生門」是個大吉方。山不轉路轉，大山不向我走來，我自向大山走去。我告訴學生，請他的這位友人，前一天先於此學校的北方找個民宿或飯店住一晚，隔天再往南方行進去參加面試，可大大提升他的考運及面試成功的機會。結果，果不其然，初試通過了，複試如法泡製用「出行訣」擇吉方，同樣也通過了，一路過關斬將，最後如願以償，給他拿到了這份教職！

再一個案例，同一位學生，他要租附近大樓的停車位，因為台北鬧區很難租到一個適合的停車位，他租了半年都租不到，找不到合適的。後來依「奇門出行訣」選擇吉時吉方去找，雖然找到了便宜又適合的停車位了，但排隊等候的人有十多個（waiting list），結果在跟這棟大樓管理員斡旋的時候，剛好有一位大樓的住戶來退租，因為這停車位還沒正式登記，不在帳上，見我學生一腔熱血、一片真誠，反正沒人知道，時也運也，就把這位置給了我學生承租，運氣就是那麼好。所以我上課時常說，「奇門出行訣」屢建奇功，常有意外奇蹟，多不勝數，不怕你用，只怕你

不用！還在等什麼？心動不如馬上行動！

這樣的案例實在太多了，只要你出門辦事，不管想辦什麼事，即使去廟裡拜拜祈願，只要你依奇門的吉時吉方前往進行，其他人許願不一定成功，但你會多一分機會，心想事成。只要會使用奇門盤，它可幫您計算這股吉炁，在對的時間，往對的方位去辦事，就能得機（時機、天時）得勢（地勢、方位、地利），掌握天時地利，讓您無往不利，戰必勝、攻必克！

什麼叫「合於道」？這就是「合道」，道就是「道路」，什麼的道路？就是天地之間一股炁，一股能量行走的道路。炁像風、炁像水，會使用奇門遁甲計算時空之中能量走向的人，稱之為「竊天地之炁的異人」，竊天地之炁為我所用的特異人士。你就像是一隻奇門鳥或奇門魚，掌握了風向及水流的行進的方向，然後等待時機，搭上它、跳上它，這股順流的風或水，就會幫您用最少的時間、最輕鬆的方式送你抵達目的地，把事情辦成！

「奇門出行訣」為什麼是屬於「**動態**」方面的應用呢？「**調整座位**」是在我們居住及工作的地方，造出一個藏風聚氣的形勢，然後根據位置方位，在吉時去安床、安桌，以便收納汲取這股吉炁，讓我們在一天的工作辦公時、休息睡覺時，能藉由這股吉炁，幫我們加持或補充能量。這是一種「靜態、被動」的籠罩於宇宙日月星辰的能量，就好比一棵樹，樹一旦種植於一方水土，它就不能再動了，所以得找到好的地方、好的土壤、好的空氣、陽光、水的地方（地利與環境），然後再選擇對的季節、氣候及時間（天時）把它種下去，這棵樹就能成長茁壯，長得又高又大又健康。

人一天的活動有靜有動，像子奇老師現在坐在桌前寫書，如果書房及座位調整為「龍強虎弱、龍過堂，玄武有靠，前有明堂」，再挑個吉時安上書桌，讓自己這幾個小時沉浸在吉炁環繞的氛圍之中，寫起稿來自然就能文思泉湧、下筆如有神助，甚至靈感源源不絕，很多好的教學內容就因此而生。

但我不是樹，我是動物，有時我也得出門辦事，例如每年年底會舉辦的新年講座、不定期的說明會、新書或新產品的發表會，甚至與別人談合作。這時「奇門出行訣」就派上用場了，我只要根據中心或活動要舉辦的方位，選好方位裡有「休門」、「生門」、「開門」或「景門」吉門的時間，然後吉時一到，盡情表現，則活動進行順利圓滿，來參加新品或新課程講座的人源源不絕，推廣活動自然水到渠成，非常成功。這是一種奇門「**動態**」方面的應用，**也就是知道何時會有吉炁往哪**

方位行進，人自己主動迎向吉方，主動汲取正能量，然後自然辦事順利，多了幾分勝算及好運，助己心想事成。

「**做動作**」：就像把自己這個「人」當作吉祥物，以奇門盤宮位裡的符號為行為指導準則，為自己開光加持，讓自己的這個「人體肉身」直接無縫接軌地接收、汲取宇宙裡日月星辰的能量，與之發生相應共振，是一種「引炁入體」的方式。只不過不是開光於「神像」上，或加持於「吉祥物」上，而是直接開光加持於自己的人體上。這在奇門遁甲裡，正式名稱為「**行為風水**」，有別於前面第一類所提的「**吉祥物佈局**」，這是直接以人自身與天地感應，從而直接獲取天地宇宙的訊息與能量，不需再透過風水、吉祥物這種間接的方式。

「**行為風水**」是當我們起出特定的奇門時空局後，在特定的時間、特定的方位或地點，去做符合宮內象意的行為方法（身口意，身：行為、動作、穿衣、喝水、吃東西、或寫字；口：講話、唱歌、持咒或唸經；意：思惟、心念、想法、或祈願）。方是方向，也就是空間；法則是行為，也就是心裡的意念，與自身、外在的行為。

「奇門遁甲行為風水」本是我在「大師研究班」裡上課的內容，自古以來就是奇門大師們祕而不傳的最高技法之一。今為饗讀者，特在本書裡公開釋出，我在下一堂課裡，將會正式介紹，如何運用奇門遁甲中最神祕的行為風水，幫助自己達成所願，心想事成，希望讀者珍之惜之，用以助己助人！

第三種類型也是「**動態**」方面的應用，跟「人的認知、情緒、行為」有關，但是屬於長遠的、徹底的改變命運，從自身的改變做起。

人除了靠自己的努力（人助），再加上高我（神助）的提拔，才能改變得快，改變得徹底。奇門是一門修煉學，奇門修煉以人體為奇門盤，把人體視為一個小宇宙，做人體的改造，藉由改變「自身的行為」（身）、「情緒的平衡」（心）、「認知的提升」（性），與「外在大宇宙」（神）相應共振，從而汲取天地的訊息與能量為己所用，根本徹底的造命改運，以達成人生幸福的終極目標。

「**煉自身**」：奇門遁甲的行為風水再上一層，就不是只停留於外表的「做動作」了，而是直接進入修煉自身的階段，往「人神一體、天人合一」的高功狀態境界邁進。所謂人身難得，人秉天地之炁而生，人體裡面藏有所有宇宙時空的知識，可以與宇宙洞連，人體肉身就是一個小宇宙，一艘法船，正所謂道以器為用，人體也是

圖91：人體為一個小宇宙，外在的天地為一個大宇宙，修煉己身，與大道合一（合太極）。

一個法器，透過特殊的方法，人體可以更有效率的與大宇宙的訊息與能量作交換。

大道至簡，天人合一。當我們放下了自己的私心雜念，超出了自我慾望的牢籠，忘記了自己的想法念頭，進入物我兩忘的狀態，就能溝通宇宙中的能量和信息，達到「宇宙在我心中，我在宇宙之中」，我與宇宙同體同源，息息相通，和宇宙萬物共振、共鳴，能量、訊息交流。

當我們處於這種狀態，所有的祕法都可以不要，所有的理論都可以忘記。大道至簡，大道無形，大道無法。這是一種大道自然，返璞歸真的高級狀態。在這種清淨無為，忘我無私，天人合一，人神一體的狀態，不求訊息，訊息自來，不求功能，功能自現，便可「不出戶，知天下」。

所以真正要改變命運，根本解決之道還是要從自身的改變做起，人體為一個小宇宙，外在的天地為一個大宇宙，以人體為奇門盤，對自己的「想法、認知」（天盤）、「情緒、感受」（人盤）、「作息、行為」（地盤）三方面，進行「拆、補、移」，不好的認知、情緒、行為，要把它「拆掉」，「補上」好的，或作「轉移、轉化」。

也就是讓「人身」的天盤、人盤、地盤，與神盤相應共振，與大道合一（合太極），並藉由汲取宇宙的訊息與能量為己所用，助我提升，達到「宇宙在我心中，我在宇宙之中」，我與宇宙同體同源，息息相通，和宇宙萬物共振、共鳴，交流能量與訊息。

奇門遁甲依辦事時間的長短，可分為：時盤、日盤、月盤及年盤

「時盤」

若是一個時辰至兩個時辰之間的事情，可依據用事的「時辰」來挑選有利的「方位」去辦事。如接洽客戶、銷售談判、開市開工、考試面談、投資買賣、相親結婚、求醫祛病、出差旅遊、拜拜祈願等。若平常沒事，還可利用當天有吉時，往吉方去散步、跑步沐吉炁或納吉水。

「日盤」

如果是超過一至二個時辰以上，或需要花上一整天的事，如開整天的會議、客戶拜訪、升學就職考試、重要的產品發表會等，可依據用事的「日子」挑選有利的「方位」去辦事。

「月盤」

如果是需要花上好幾天到外地、遠地出差、辦事或旅遊，時間長達一兩個月內，或數天以上的事，則可依據用事的「月份」挑選有利的「方位」去辦事，甚至還可以運用月盤挑選吉方到外地旅遊，吸納滿滿的吉炁，這稱之為「渡假改運法」。

「年盤」

若要出國留學、搬遷、設廠、開公司、移居外地等必須待在別地或外地好幾個月或數年的事，則可依據用事的「年份」來挑選有利的「方位」去辦事。

第二節 奇門遁甲出行訣——「時盤」的應用

時盤的應用重點，在於有特定的事項要進行，若是一個時辰至兩個時辰之間的事情，可依據用事的「時辰」來挑選有利的「方位」去辦事。如接洽客戶、銷售談判、開市開工、考試面談、投資買賣、相親結婚、求醫祛病、出差旅遊、拜拜祈願等。若平常沒事，還可利用當天的吉時，往吉方去散步、跑步沐吉炁，或納吉水。

✓**有特定的事項要進行：方位固定，則找吉時。**

有特定的事項要進行，若是辦事地點的方位已固定，則依據「方位」挑選「吉時」去辦事，方位固定，找吉時。

基本上，用奇門遁甲選擇吉時或吉方的方法，與前面第三堂課中，根據床位、座位在家裡的哪個方位，然後用「奇門曆」或「奇門排盤」程式，選擇吉時或吉方的方法是一樣的。只不過是改成在地圖上先查找要辦事的地點，位於我出發地點（也許是從家裡或公司地點出發）的哪個方位，然後再開啟程式選擇吉時，等吉時一到再往該方位赴約。

案例1：想另起爐灶，如何能順利談得成？

有一天，子奇老師接到好多年沒見的前公司同事的電話，說他現在在他岳父的家族企業當副總，待了好多年後，還是因為企業文化的不同，再加上家族企業原有的人事包袱，使得他施展不開，無法發揮，因此想要帶一些自己培養的員工，脫離老東家，在外另起爐灶。不過他又很擔心岳父及股東董事的反對，所以求助於我。

步驟一：在地圖上先查找要辦事的地點，是位於我出發地點的哪個方位（辦方位）

第一個步驟就是利用 Google Map，查看要辦事的地點或目的地，位於我當天出發地點的哪一個方位。假設當天出發地是從台北汐科火車站出發，到台北火車站換捷運到古亭站，那麼從地圖上可以看到，整個路線（藍色）幾乎是往「西」行進，辦事地點也落於西方「兌宮」內。

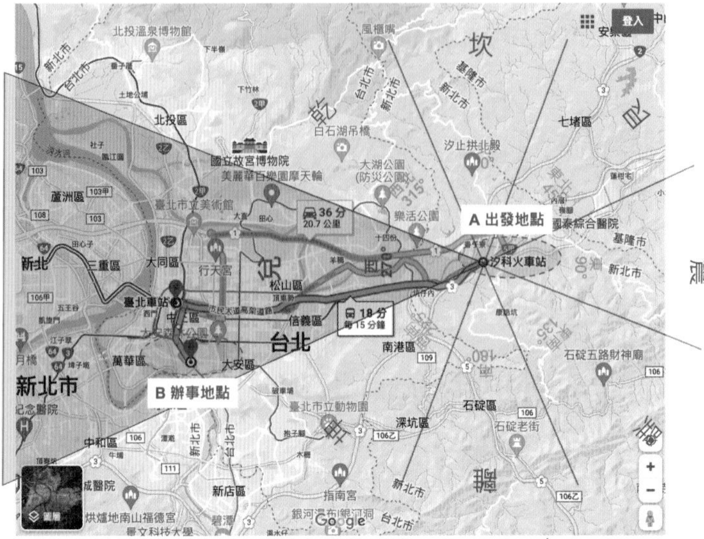

圖 92：在地圖上先查找要辦事的地點，是位於我出發地點的哪個方位。

步驟二：鎖定宮位，選用吉門（選吉門）

接著查表（請參看圖93），對應「西方」的是在右邊中間的「兌宮」，適合的吉門有「休門」、「生門」及「開門」，無論談生意或協調事情，這三個吉門都適用。工作開會最適合選用「開門」；「休門」除了利於婚戀感情，也代表休弭紛爭，促進和諧，還有「謁貴」的意思，也就是請託、拜訪貴人，所以除了「生門」及「開門」，「休門」也可以。

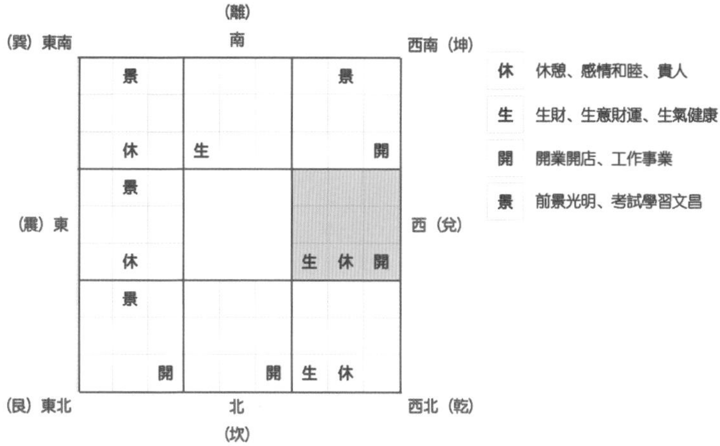

圖 93：依據出行方位「西方」，鎖定宮位「兌宮」，再選「吉門」，工作開會最適合選用「開門」。

步驟三：根據方位開「奇門曆」程式選擇吉時

下一步驟就是根據當天的出行方位來選擇吉時，選擇吉時有兩種方式，比較簡單的巧便法就是藉助「奇門曆」程式，只要設定好預計要談事情的時間範圍，然後勾選吉門及方位，奇門曆就會列出所有可能的吉時，我們就再挑選一個雙方都OK的時間就可以了。

當時，他打電話給我的時間是二〇二二年五月十二日（四），明天太趕，星期六、日沒上班，所以我們就設定時間範圍是從二〇二二年五月十六日（一）至二〇二二年五月二十日（五）的時間，同時勾選「全部吉門」及「西方」，最後按「確定」鍵，這時程式就可以把出行談事的吉

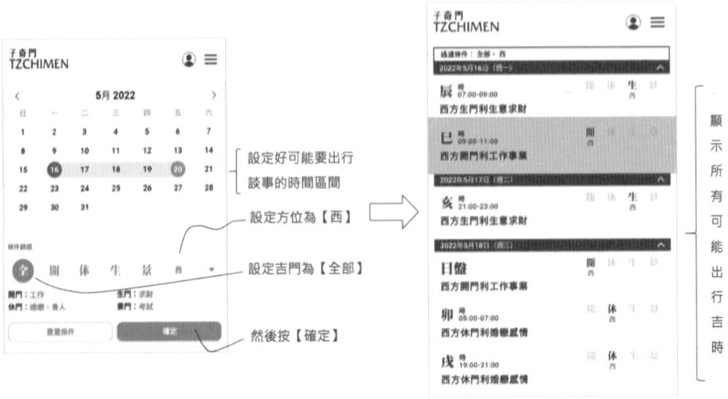

圖 94：設定好條件，時間區間、方位、吉門，「奇門曆」程式就能把所有的「吉時」找出來。

時都排列出來了。

所以安排下星期一，二〇二二年五月十六日（一）早上十點這個時間開會談事！早上九點過後從台北汐止出發，一路納著「開門」吉炁，結果整個會議談得非常順利，我這朋友如願以償，得其所願！

接著開始找新公司地點，又請我幫他看辦公室風水，規劃辦公室格局，這時第二堂課教給各位的「**公司擺設開運法**」就派上用場了。等辦公室裝潢好，再幫他佈一個催財局，這時第三堂課教給各位的「**奇門天星催財局**」又派上用場了，助他生意興隆，財源滾滾，開張大吉。以後安排重要會議、談生意合作，又可以應用本堂課所教的「**出行辦事開運法**」，幫他擇吉時或選吉方。

如此提供一條龍 total solution 的整套服務，只要他的生意大發，他的朋友客戶一詢問，一轉介紹，你不是又有新案子了嗎？這樣子又生孫，孫又生子，子子孫孫無窮盡也！客戶又轉介紹客戶，口碑就起來了，口耳相傳，你以後就可以靠這份技藝養家活口，自己當老闆，不怕沒收入，再也不用看老闆臉色了。

所以學會了「奇門遁甲」，退可以安居樂業，進可以治國平天下，進退自如，可攻可守，自己有了安身立業的本事，到哪裡人家都尊稱你一聲老師，豈不美哉，豈不人人稱羨。老師傳授的不只是一般的卜卦算命風水，是可以翻轉人生的，是一門技藝，可以安身立命的千年絕技「奇門遁甲」。

古時「千里訪明師，萬里求口訣」，歷盡千辛萬苦花了大把銀子，往往被拒於門外，學不成或學到假的，學不到真功夫，甚至不肯傳。像太極拳宗師楊露禪，三入陳家溝想學得太極拳絕技，但陳家拳只傳陳家人，不傳外人，為什麼？這種可以立身養家，甚至可以揚名立萬的家傳絕技，憑什麼人家要無條件傳給你？尤其有的人自己也是走過這條辛苦的路，又怎會隨隨便便輕易傳予他人。現在忘本的人太多，感恩的人太少了，一旦傳給了外人，倘若所傳非人，徒弟忘恩負義，回頭還倒打師父，咬你一口，自己引狼入室，豈不冤哉！所以有此機緣學得奇門遁甲這千年絕學，還望讀者珍之，惜之！

「奇門出行訣」應用訣竅：

奇門出行走吉方，其效果的大小決定於，在時辰之內於吉方行進時間的長短。譬如以上例而言，二〇二二年五月十六日巳時早上九點至十一點，西方有「開門」吉炁，在這個時辰內，欲往西方行進，則時間越長，吸納的吉炁越久，效果越好！所以關鍵在兩個要點：行進的方向及持續的時間！如以「時盤」為例（時辰為兩個小時），建議應持續行進至少十五至三十分鐘為宜。簡而言之，最重要的是：要在吉時內出發，於行進中沐得吉炁，行進時間不可太短。

如果辦事地點在西方，吉方也是在西方，但行進路線卻是先往西南，再往西北，整個行進期間幾乎脫離了西方這四十五度範圍，或行進時間太短，不到五分鐘就到目的地了，那效果也是有限（如圖95所示）！

如案例一，西方有「開門」吉炁，時間範圍為五月十六日早上九點到十一點，所以安排在早上十點開會談事，早上九點過後出發，有約莫一個小時的交通時間在行進中沐著「開門」吉炁，然後在吉時內還有一個小時左右可以進行會議的商談。

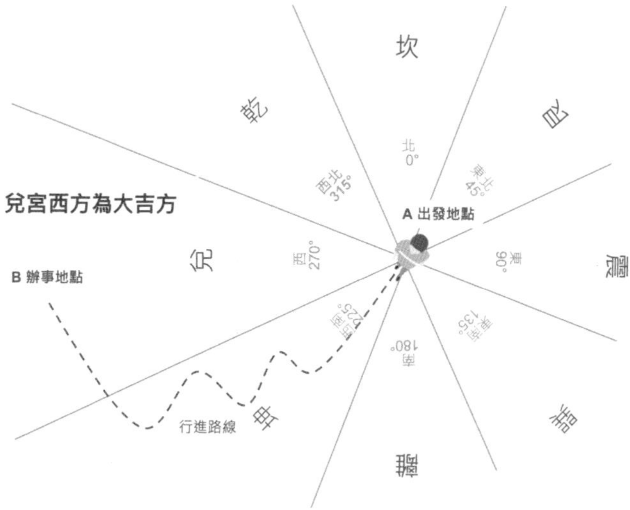

圖 95：如果吉方在西方，但行進路線幾乎脫離了吉方，那效果就大打折扣了。

如果會議時間談很久超過了吉時的時辰，像是超過十一點，那也沒關係，最重要的是「行進時間」及「開始開會的時間」要落在吉時的時辰內。

✓**有特定的事項要進行：時間固定，則找方位。**

有特定的事項要進行時，若是辦事時間已固定，則依據「時間」來挑選「吉方」去辦事，時間固定，找方位。

案例2：女友約我星期五晚上用餐，想趁這時機跟相戀多年的女友求婚，如何能求婚成功？

女友已約好了星期五晚上用餐，在二〇二二年七月廿九日晚上六點，我想趁這時機，找個燈光美、氣氛佳的餐廳向她 propose 求婚，這時約會時間已固定了，那我們就在吉方位裡，挑選一家高級的餐廳跟她告白。

步驟一：根據時間開「奇門曆」或「奇門排盤」程式，選擇吉方（擇方位）

時間固定，則找方位。有特定事項要辦，而約會時間已經固定了，前面提到比較簡單的巧便法就是藉助「奇門曆」程式，設定好那一天要辦事的日期，然後依事項的目的勾選吉門，如婚戀、貴人請託找「休門」、工作找「開門」、求財找「生門」、競試找「景門」，方位就勾選「所有方位」，最後再按「確定開盤」鍵，「奇門曆」就會列出當天所有可能的吉時以及吉方位了。

正如案例二，預計在二〇二二年七月廿九日向女友求婚，時間就設定好七月廿九日，吉門選定「休門」，利婚戀，方位選「所有方位」，然後一按「確定」鍵，當天所有是「休門」的吉時吉方就列出來了。因為是約晚上六點碰面，剛好當天晚

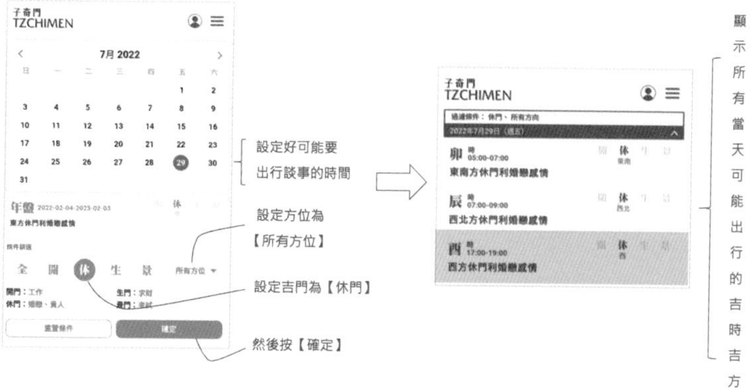

圖 96：設定好赴約時間，吉門、方位為「所有方位」，「奇門曆」程式就會把所有「吉時、吉方」找出來。

上五點到七點往西方行進可以沐得「休門」吉炁，如此便可選擇在當天出發點的西方找一家好的餐廳，屆時，五點吉時一到，就可往吉方「西方」出發赴約。

但如果用的是「奇門排盤」程式找方位，就會比較複雜一點。打開「奇門排盤」程式後，須先設定好出發時間，以案例二來說，是二〇二二年七月廿九日晚上五點之後出發，因是要約會告白，所以須先查看「休門」在哪些方位可用。查找「奇門遁甲辨方擇時」速查表得知，休門在乾宮「西北方」、兌宮「西方」、巽宮「東南方」及震宮「東方」這四個方位可用。

最後鎖定奇門盤，看該時辰的這四個宮位是否有出現「休門」，而且宮位內不能有白虎、空亡、天干擊刑等，時辰不是「五不遇時」。像此例，二〇二二年七月廿九日晚上五點的奇門盤，兌宮「西方」有「休門」，八神是「玄武」，不是白虎，不見「空〇」，天干在兌宮不會有「擊刑」，時辰的日、時天干不是「五不遇時」。所以時間固定，找方位，在此時辰往西方前進是吉祥的，可以沐得「休門」吉炁。

特別提醒的是，「休門」只能在這四個宮位：乾宮「西北方」、兌宮「西方」、巽宮「東南方」及震宮「東方」這四個方位可用。前面章節曾說明過，因為「休門」只有在這四個宮位，不會與宮位形成「門迫、門制、門伏或門反」的不利情形。

步驟二：在地圖上查找吉方內適合的辦事地點（找地點）

接著在地圖上的吉方位範圍裡，事先挑選一個約會的地點及餐廳，屆時吉時一到，準時赴約就行了。

再次提醒兩個關鍵要點：行進的方向及持續的時間！若是「時盤」，應持續行

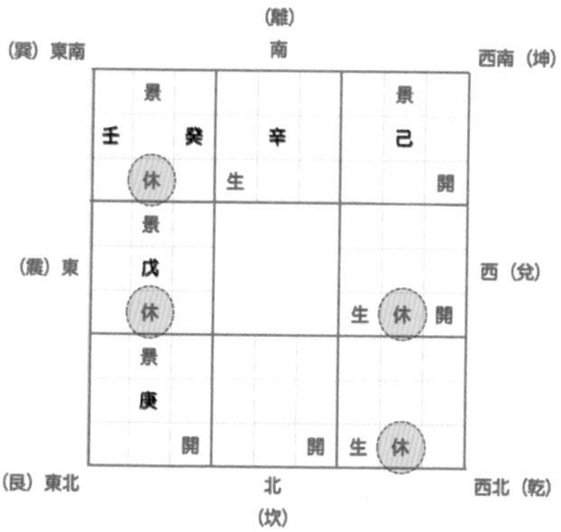

休	休憩、感情和睦、貴人
生	生財、生意財運、生氣健康
開	開業開店、工作事業
景	前景光明、考試學習文昌
干	宮位內有對應的天干【擊刑】，則不宜取用（戊己庚辛壬癸）

- 宮位內有符號【白虎】及【空O】，也不宜取用
- 五不遇時，也非吉時，不宜取用

日天干	時天干
甲	庚
乙	辛
丙	壬
丁	癸
戊	甲
己	乙
庚	丙
辛	丁
壬	戊
癸	己

圖 97：「奇門遁甲辨方擇時」速查表：休門只有在乾宮「西北方」、兌宮「西方」、巽宮「東南方」及震宮「東方」這四個方位可用。

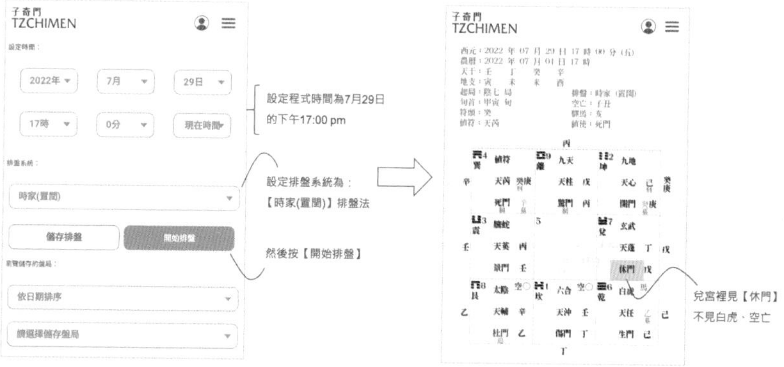

圖 98：2022 年 7 月 29 日 17:00 pm 的奇門盤，兌宮「西方」有「休門」，不見「白虎」、「空O」，沒有「擊刑」，時辰也不是「五不遇時」，此時辰往西方前進，可以沐得「休門」吉炁。

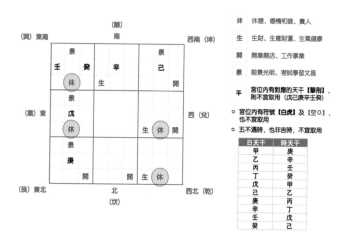

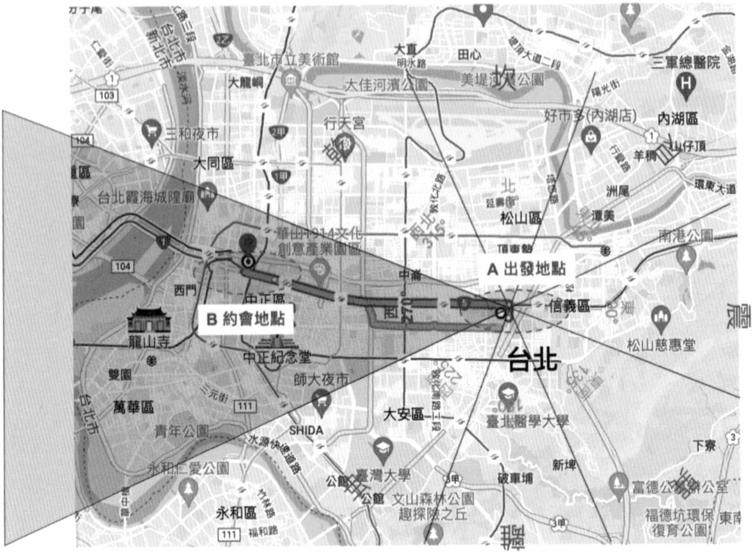

圖 99：在地圖上查找吉方內適合的辦事地點，時間一到，前往吉方赴約。

進至少十五至三十分鐘為宜，因此找的餐廳不要距離自己出發點太近，路上行進時間不要太短，這樣才能於行進中沐得足夠的吉炁。

✓有特定的事項要進行：若時間、方位皆已固定（死盤）。

如果時間已由對方決定，連地點也設定好，沒法變了，這在「奇門出行訣」裡有個術語，稱之為「死盤」，也就是時間、方位皆固定死了，沒得選了；而相對於活動時間可由自己決定，地點也可由自己決定，則稱之為「活盤」！

一般說來，參加由對方所決定主導的活動，如考試、面試、競賽或會議，通常競試或會議的時間與場地，主辦方或對方都已先決定了，如果時間已經固定，我們可以打開「奇門曆」或「奇門盤」程式，先設定好當天參加競試或會議的出發時間，然後依據競試或會議地點在出發地的哪個方位，查看開出來的「奇門曆」或「奇門排盤」程式對應方位的宮位，是否有出現「休門」、「生門」、「開門」或「景門」，如果運氣好，欲前往的方位，剛好在出發時辰內有吉門為吉方，則應試當天依時前往即可。

如果運氣不好，剛好那天的出發時辰內，欲前往的方位裡沒有對應的吉門，又或有吉門但宮位裡卻有不利情況（有門迫／門制、／門伏／門反，見白虎、空〇、天干為擊刑，時辰為五不遇時），那麼應對的方法有三種：一、改用其他吉門（換門）；二、往前找時間，換一個時辰提前出發，而選用時辰的方位裡需有吉門（換時間），且宮位或時辰沒有不利情況；三、更換路線，改由吉方進入辦事地點（換方位）。

在此補充說明第三種方式，在時間、方位皆固定下，如何更換路線，讓死盤變活盤：

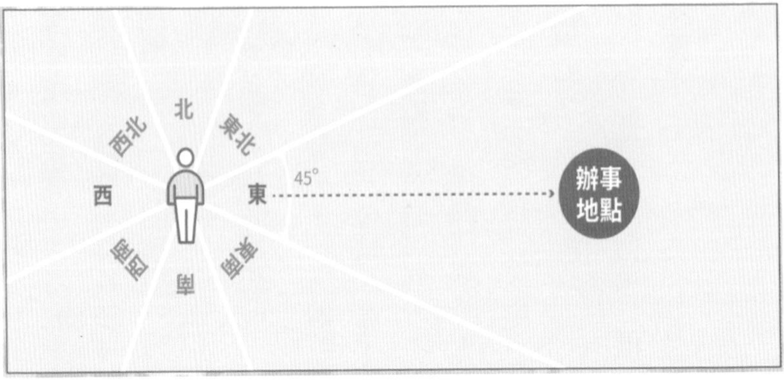

圖 100：若時辰方位已固定，而地點又不在吉方位，可事先改變出發地以便由吉方進入辦事地點。

如果想出行辦事，但時辰方位已固定，辦事地點恰好又不在吉方位，該怎麼辦？

這時可提前半小時出發，以辦事地點為中心，在該時辰所示吉方位的相反方位，找個地方先停留十五至三十分鐘建立新的出發點（太極點），等到一進入吉時，再依吉方位行進，進入辦事地點（也就是改變出發地，以便由吉方進入辦事地）。

假設時辰所示吉方為東方，可提前半小時到辦事地點的西方，先找個地方停留十五至三十分鐘，等吉時一到，就可由新的出發地點啟程，由吉方東方行進至辦事地！這叫「山不轉路轉」，「大山不向我走來，我自走向大山」，辦事地點不在吉方，那我就自己改變出發地點，使辦事地點變成在我的吉方位。

當然還有別的方法，不過較複雜，這得參加子奇老師教授的奇門課程才能學得會。換句話說，時運不好，就「換」、就「變」，「山不轉路轉」，「大山不向我走來，我自走向大山」。奇門、奇門，奇門貴在用「奇」，用「變」。

這道理很簡單，當你打牌時，若運氣不好，連續輸，一直輸，一個晚上輸多贏少，該怎麼改變運勢？很簡單，要「改」、「變」運勢，要嘛起來動一動去上個廁所，要嘛換別個位置坐（換坐位），不然休息一下換人打或改天再打（換時間），總之有動、有變、有換才有機會改變運勢。

✓沒有特定的事項要進行：若平常沒事，可利用當天的吉時，往吉方去散步、跑步沐吉炁，或納吉水。

跑步散步增運法：若平日無特定事項要進行，我們可用「奇門曆」程式查找當天何時有吉方位，在正確的時間及大吉的方位，朝著該方向行走或路跑十五至三十分鐘，查「奇門曆」的「走吉方」吸收天地正能量磁場，提升運勢。

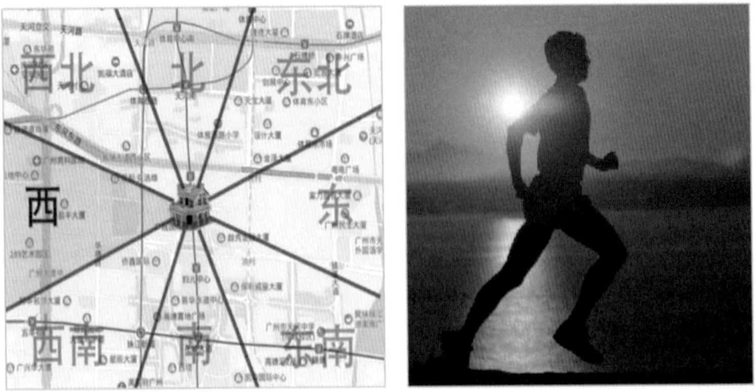

圖 101：平日可用「奇門曆」查找吉時吉方，往吉方行走或路跑，吸收天地能量磁場，提升運勢。

想要增加感情運勢的，可以連走一個月的「休門」吉方；想要增加生意財運的，可以連走一個月的「生門」吉方；想要增加工作運勢、想升官的，可以連走一個月的「開門」吉方；而想增加學習效率、考試分數的，可以連走一個月的「景門」吉方。

「奇門出行訣」中的「**走吉方**」改變運勢，貴在執行，只要持之以恆，每天有吉時吉方就去散步、跑步，不僅可以增加身體的建康，還可提升運勢。

喝水納吉炁法：若平日無特定事項要進行，又或剛好下雨不方便出門，可用「奇門曆」查找當天何時有吉方位，在家裡的對應方位放一杯水（最好瓶口打開），放三十分鐘納吉炁後，把它喝掉。

圖 102：平日也可用「奇門曆」查找吉時吉方，在家裡的吉方放一杯水納吉炁後，把它喝掉。

在日本學者江本勝博士所著的《生命的答案，水知道》中，證明了水會閱讀、會聽音樂、記憶並傳遞訊息。水可以忠實反映看不到的波動和振動頻率。我們在家裡的吉時吉方放一杯水，神奇的水與奇門時空產生共振，並吸納了時空中的吉炁，人體平均百分之七十由水構成，人是水做的，我們再把這吉水的波動、頻率、與訊息全部喝到身體裡，就可以讓宇宙中高維的能量與我們共振、融入我們的體內、提升我們的能量與運勢。

水是百藥之王，「沒事多喝水，多喝水沒事」，只要將一杯水於奇門吉時指示的方位上，放置三十分鐘之後把它喝了，就能提升運勢，這「喝水納吉炁法」我又稱它為「懶人增運法」，我想應該沒有比這更簡單的方法來改運了吧！而且幾乎不花錢，只要喝水就能改運，自己DIY自製能量水，喝水納吉炁。

相同道理，「奇門出行訣」平日用來改運的應用，不管是「**走吉方**」或「**喝水納吉炁**」，貴在執行，只要持之以恆，每天有吉時吉方就去散步，就去喝水，不僅可以增加身體的建康，還可提升運勢，一舉兩得。

第三節 奇門遁甲出行訣——「日盤、月盤、年盤」的應用

「日盤」的應用

日盤的應用重點，在於如果是超過一至二個時辰以上，或需要花上一整天的事，如開整天的會議、客戶拜訪、升學就職考試、重要的產品發表會等，可依據用事的「日子」來挑選有利的「方位」去辦事。

「日盤」其實應用得很廣，而且很有彈性，因為很多的會議、約會、洽商、活動，甚至考試、面試，往往超過兩個小時，搞一上午或一下午，甚至得弄個一整

天，而且客戶有可能遲到，或者會議活動也會延遲，錯過最佳吉時。而奇門遁甲「日盤」所起出的吉方，代表一日有效，最適合進行一天或半天的活動，最有彈性。

例如「新產品發表會」要在哪天舉行、哪個飯店舉辦、哪個時間正式開始？這就可以先用「日盤」看某日的吉方位在哪，來決定在該方位挑選飯店。因為「新產品發表會」的活動時間通常會搞個一整個上午或一整個下午，一個時辰的「時盤」恐不敷使用。如果能用「日盤」再加個「時盤」，也就是選一個「吉日＋吉時」，皆指向某一方位有吉門，那就可在該方位挑選活動場所，定那個時辰為新產品發表會的正式開始時間，如此舉辦活動或會議，豈不是順利圓滿，大大的成功！

我們舉個「日盤」的應用例子，看看「日盤」該怎麼使用？

案例3：小孩參加全台灣音樂比賽，如何能順利贏得冠軍？

二〇二〇年的某一天，子奇老師接到一位朋友的電話，說他的小孩參加全省音樂比賽，而且很厲害的是已經進入決賽，目前是台灣前十名！之後預定在二〇二〇年十一月廿一日（六）比賽，下午一點前要報到，下午兩點到五點進行比賽，爸爸希望他能拚冠軍，他的小孩只有十五歲，是所有參賽者中年紀最小的，要擊敗那些

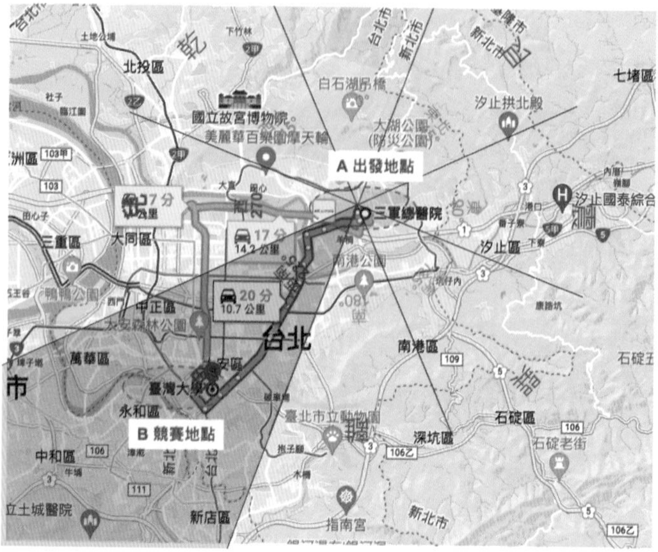

圖 103：在地圖上先查找競賽地點，是位於我出發地點的哪個方位。

有多年經驗的叔叔伯伯是很大的挑戰呀！他去年也參加，但沒有得名，所以希望這次一舉成名，得個冠軍，天下父母心呀！

步驟一：在地圖上先查找要辦事的地點，是位於我出發地點的哪個方位（辨方位）

因方位已經固定了，首先就是利用 Google Map，找出競賽地點位於我當天出發地點的哪一個方位。將出發及目的地輸入 Google Map 後，從地圖上可以看到，整個路線（藍色）幾乎是往「西南方」行進，奇門盤對應的是「坤宮」。

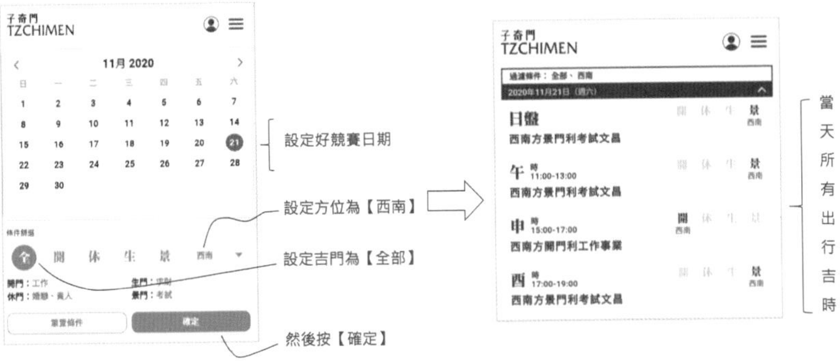

圖 104：設定好競賽日期，方位、吉門設為「全部」，「奇門曆」就會把當天所有的出行「吉時」列出來。

步驟二：開「奇門曆」或「奇門盤」程式選擇吉時（擇吉時）

接著我們直接打開「奇門曆」程式，將日期設定在比賽那天二〇二〇年十一月廿一日（六），方位勾選「西南方」，同時勾選「全部吉門」。勾選所有吉門是為了給自己多留一些彈性，怕只選一個有利競試的「景門」時，若剛好那個時間、那個方位沒有可用的「景門」，還有其他吉門可用。最後按「確定」鍵，這時程式就會把當天西南方所有的吉時都排列出來了。

結果運氣太好了，當天日盤顯示「西南方」，有最利競賽的「景門」吉炁，而且十一月廿一日的「日盤」代表當天一整天有效。更棒的是，十一月廿一日當天下午一點前要報到，剛好在報到前，可以選在早上十一點到下午一點往西南方行進，「時盤」也是顯示西南方「景門」。換句話說，日子大利西南方，時辰也大利西南方，好日子又好時辰，吉上加吉，往西南方行進的人，最利於參加考試競賽這類事情。比賽時間是一整個下午，因日盤是整天有效，所以可以整個下午都沐浴在「西南方景門」的吉炁之下，可說是運氣太好了！

果不其然，這小孩硬是要得，打敗了一干經驗老到的叔叔伯伯，拿下了有史以來該音樂比賽的全省冠軍，當天晚上就上了節目，接受知名電台的專訪，全家開心，我也為他小孩開心，當然，免不了又是一頓請客，又有好吃的了！

若使用「日盤」，但當天辦事地點恰好又不在吉方位，該怎麼辦？

這時可提前一天，以辦事地點為中心，在該時辰所示吉方位的相反方位找個飯店住宿一晚，「日盤」建立新的出發點（太極點）必須至少待在那兒六小時，然後等到隔天，再依吉方位行進，進入辦事地點（改變出發地以便由吉方進入辦事地）。

讀者可參考我的上一本書《九宮奇門》，其中曾提及我在一九八四年參加台灣

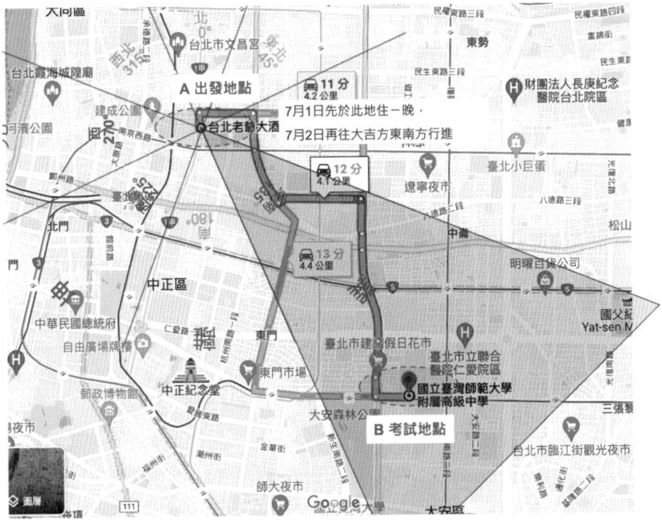

圖 105：使用「日盤」，若辦事當天的地點不在吉方位，可提前改變出發地，以便隔天從吉方前往。

的大學聯考時，自己手排出七月二日奇門遁甲的「日盤」，結果七月二日當天從我家出發去考場的方位竟是個大凶方。那怎辦？沒事，山不轉，路轉，因人是活的，人是可以動的，我就是在前一天晚上，七月一日，先在考場大吉方的相反方位找家飯店住一晚（睡一晚就至少在出發地待了六個小時了），改變了出發點的太極點，等到第二天考試當天早上，再由大吉方前往考場，那不就是當日最有利的方位了嗎？這就把「死盤」變「活盤」了，時間方位是「死」的，但我的人是「活」的。考試時間、位置、方位皆非我所能決定，而是由對方決定，那麼改變出發地的太極點，就可將「死盤」變「活盤」了。

結果考英文時，一九八四年台灣大學聯考英文作文題目是「聯考前的一夜」，剛好是我在考前背的那一篇，哇靠！可不可以再巧一點？真的太誇張了！而且我英文不好，最後一大題的英文閱讀測驗五題選擇題根本來不及寫，只好亂猜，沒想到考完後對答案，竟然五題全猜對！

奇蹟還沒結束，最後一堂考三民主義，最後有兩題申論題，一題十五分，一般一題能得個七、八分就不錯了，因為不可能寫得比國父孫中山先生還要好，結果我第一題竟然得了十四分，為什麼？因為我昨晚在飯店裡背過這題！

這就是「奇門遁甲」的神奇之處，也許它不能讓你從零分考到一百分，但他真的可以幫助你提升運勢，帶來不可思議的奇蹟！

「月盤」的應用

月盤的應用重點，在於如果是需要花上好幾天到外地、遠地出差、辦事或旅遊，時間長達一兩個月內，或數天以上的事，則可依據用事的「月份」挑選有利的「方位」去辦事，甚至還可以運用月盤，挑選吉方到外地旅遊，吸納滿滿的吉炁，這稱之為「渡假改運法」。

「月盤」的應用，主要是用於外地出差辦事或旅遊時，須待在當地好幾天，甚至超過一星期，選擇時間及方位的方法與「時盤」或「日盤」一樣，只是時間單位改以「月」為單位。奇門遁甲「月盤」所起出的吉方，代表一個月有效，如果出發日的選擇，能再多加上一個與「月盤」同吉方的日子來出發，等於吉上加吉，最適合商務人士事先安排客戶或廠商的拜訪、海外會議，或安排旅遊活動。

「**奇門渡假改運增運法**」，這也屬於奇門遁甲的一種「動態」的應用。風水是用來尋找一塊寶地，於其上造葬「陽宅」或「陰宅」，期許能夠「丁財兩旺」，但一般人很難找到好風水的地方，即使找到也未必能取得，更別說搬家、造葬也是一個大工程。

「奇門渡假改運增運法」的應用方式，是在新的一年之始，提早規劃心想事成的開運旅遊，查找有利的時間與地點去旅遊（查每月時間區段裡的吉方位在哪）、去接納吉氣，讓自己及全家人在新的一年裡財運滾滾、官運亨通、家庭和諧、感情如意、旺旺一整年！（建議選取月盤。）

「奇門渡假改運增運法」就是運用奇門遁甲的「月盤」，事先規劃心想事成的開運旅遊，想要提升財運的，就看今年哪個月盤的吉方有「生門」，在那個月的「生門」吉方，找個想旅遊的地點，去那兒玩個幾天，沐浴環繞在「生門」吉炁的環境裡，然後帶回滿滿的財炁，提升自己的財運。生意不好、想發財、提升財運的，不一定要搬家，可以自己迎向財方、待在財地，提升自己的財運，這就是「奇門渡假改運增運法」。

同理，想增進夫妻、家人感情、想找男女朋友的，可以找「休門」吉方；想工作順利、升官晉職的可以找「開門」吉方；想提升考試學習效率的可以找「景門」吉方。既然每年春節、暑假、中秋、聖誕這種長假要去玩，何不同時利用此機會，玩的開心，又可以增添運勢！

如果學習過子奇老師的奇門遁甲課程，熟悉奇門符號的學員，想要有男朋友的女生，還可找個月盤是「休門」吉方，再挑個吉日出發，也就是「日盤」吉方宮位裡有「六合＋天英星＋休門＋乙奇」的符號組合，或是有「玉女守門」格局的，沒準一去玩回來之後，就交了男朋友了。

在此舉一個實例來說明，如何運用奇門遁甲的「月盤」來進行「奇門渡假改運

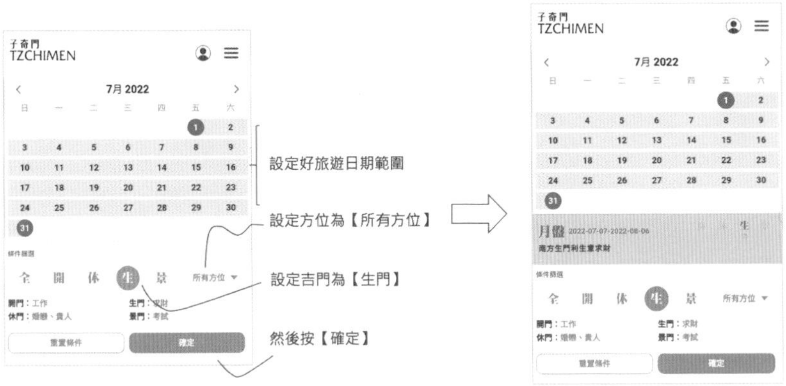

圖 106：同擇時、擇日一樣，設定好時間區間、方位、吉門，「奇門曆」就把月盤的吉方列出來了。

增運法」的應用。

案例４：想趁暑假帶全家人去旅遊，該如何利用這趟旅程提升財運？

每年放暑假大概都落於七至九月，假設預定七月安排個渡假旅遊，首先打開奇門曆，設定日期區間為「七月一日至七月三十一日」，吉門勾選「生門」利財運，方位選「所有方位」，然後一按「確定」鍵，則那個月「月盤」的開始及結束日期，以及「生門」的吉方就列出來了。從圖106可看到，二〇二二年七月七日至二〇二二年八月六日這段期間，「月盤」顯示在南方有「生門」，利生意求財。

下一步，打開Google Map，看往南方

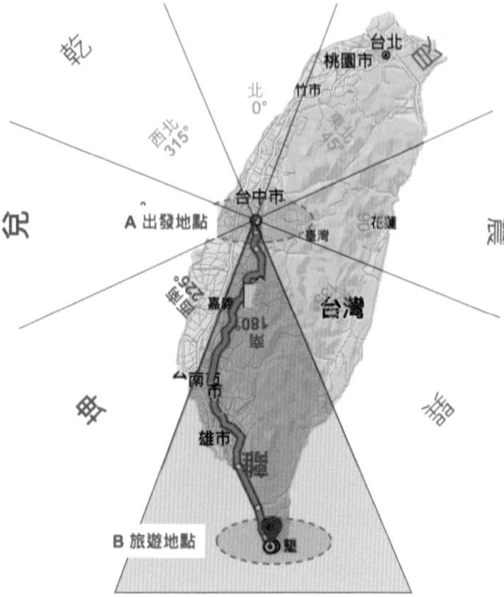

圖 107：最後，打開 Google Map，看往吉方想要旅遊的景點有哪些，選定渡假地點。

想要旅遊的景點有哪些。例如住家是在台中市，暑假剛好可以帶全家去墾丁遊玩，從地圖上可以看到，墾丁剛好位於台中市的「南方」。

如果想要更進一步，挑個好日子出發，則可再次使用奇門曆，設定日期區間為「七月一日至七月三十一日」，吉門勾選「生門」利財運，方位選「南方」，然後一按「確定」鍵，則從「七月一日至七月三十一日」那個月所有南方有「生門」的「日子」及「時辰」就都列出來了。參看圖108可知，七月十三日及七月十四日的日盤，剛好「南方」有「生門」，最利財運，可選擇這兩日出發，一箭雙鵰，既開開心心出遊，又

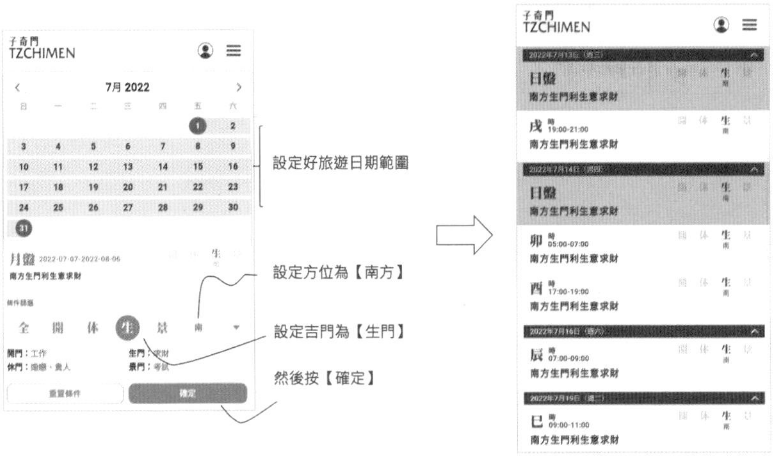

圖 108：如果想要更進一步，挑個好日子出遊，則可再次使用奇門曆挑選吉日出發。

可帶著滿滿財炁回家，豈不美哉！

所以，有了這「奇門曆」等於擁有了一部「開運寶典」，可以自己擇吉時吉方，挑選好的奇門時空，為自己或親友調座位、佈局、出門辦事或旅遊，改運增運自己來！

「年盤」的應用

年盤的應用重點，在於若要出國留學、搬遷、設廠、開公司、移居外地等必須待在別地或外地好幾個月或數年的事，則可依據用事的「年份」，來挑選有利的「方位」去辦事。

奇門遁甲所起出的「年盤」是一年一張盤，「年盤」主要是用於以後長時間都要在外地，也就是選擇要在哪一年、或在該年往何方去出國留學、搬遷移民、創業、開公司或設廠比較好。

「年家奇門」的第二種應用，是用來調一年的風水及佈局，「年家奇門」定一年的興衰作用；「時家奇門」是時間，「年家奇門」是空間；年家奇門是果，時家奇門是看因，時間與空間互相作用，年家奇門與時家奇門一起合用效果最大。

「年家奇門」的第三種應用，是用來預測一年的吉凶興衰，所以年家奇門既是預測學，也是風水學。這兩種應用在子奇老師教授的奇門課程內，或每年的新年講座中，有機會再做進一步講解說明。

例如二〇二二年的「東北方」為「開門」大吉方，想要創業、開公司或設立分公司的，或想去日本留學的，則今年往東北方去就是最佳的時機，正所謂「萬事貴乎始」，萬事萬物的開始，都對其發展和走向，有著至關重要的作用，是故「君子慎始」，好的開始就是成功的一半。

第 6 堂課

行為風水開運法

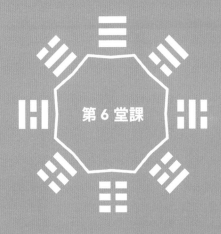

第一節　什麼是奇門遁甲的「行為風水」？

在上一堂課，我曾提及奇門遁甲改變運勢的方式可以分為三大類型。第一種類型是屬於「靜態的地利」方面的應用，跟「房子的風水」有關，例如「調整座位」、「擺吉祥物佈局」及「拆東西」，這是屬於比較持續性、長期性的運勢改變；第二種類型是屬於「動態」方面的應用，跟「人的行為」有關，例如「走吉方」及「做動作」，這是屬於比較臨時性、短期性或一次性的運勢提升。第三種類型跟改變「自身的行為」（身）、「情緒的平衡」（心）、「認知的提升」（性）有關，是屬於長遠的、徹底的改變命運。

「行為風水」其實跟我們在居住、辦公、做生意的地方，擺上對應奇門符號象徵的吉祥物品來佈局的原理很像，只不過不是間接地由吉祥物來連結宇宙裡日月星辰的能量，而是把「人」直接當「吉祥物」一般，讓人直接與宇宙的日月星辰相應共振，這是一種「引炁入身」的方式，讓自己與宇宙時空合為一體，我即是宇宙，宇宙即是我，讓宇宙高層次的能量源源不絕地融於我體內，提升自己的能量，以期辦事能事半功倍，心想事成！

那要如何做「行為風水」呢？在佈局時，所挑選的吉祥物的形狀、象徵含義、性質、擺放方式，要能符合宮位裡奇門符號的象徵，還要擺對時間與方位。而做「行為風水」時，「人」的行為、動作、語言、觀想，要能做出符合宮位裡奇門符號的象徵，當然也要在對的時間與方位去做，目的就是要讓兩者之間能形成共振，達成訊息與能量的同步與傳遞。

時空是奇門局所決定的，人的行為及意念，則是根據奇門宮位裡的神、星、門、干等符號含義為「指導」去做的行為。

共振的定義是當兩個振動頻率相同的物體，當一個發生振動時，會引起另一個物體振動的現象。共振的實例很多，例如十八世紀中葉，法國昂熱市一座一〇二米長的大橋上有一隊士兵經過。當他們在指揮官的口令下邁著整齊的步伐過橋時，橋樑突然斷裂，造成二二六名官兵和行人喪生。究其原因就是共振造成的。因為大隊士兵邁正步走的頻率，正好與大橋的固有頻率一致，使橋的振動加強，當它的振幅達到最大以至超過橋樑的抗壓力時，橋就斷了。所以，現代阿兵哥班長，都要懂得這個科學常識：帶兵過橋時，千萬不可齊步走！

共振的有名例子也發生在中國。唐朝開元年間，洛陽有一個姓劉的和尚，他的房間內掛著一個磬（一種樂器）。有一天，劉和尚沒有敲磬，磬卻自動響起來了，這讓他嚇出一身病來。他的一位好朋友曹紹夔是宮廷的樂師，精通音律（即樂理），前來探望劉和尚。經過一番觀察，他發現每當寺院裡的鐘響起來時，和尚房裡的磬也跟著響了。於是曹紹夔拿出鐵銼來把磬磨去幾處，從此以後就不再自鳴了。他告訴劉和尚，這磬的音律（即現在所謂的固有頻率）和寺院的鐘的音律一致，敲鐘時由於共振，磬也就響了。將磬磨去幾處就是改變它的音律，這樣就不會引起共鳴。和尚恍然大悟，病也隨之痊癒了。

我們也常看到，一對夫妻相處久了，會有夫妻臉，如果長期相處和諧，甚至他倆的行為、表現、喜好、習慣、想法也會有越來越像的感覺。這在易經裡稱為：「同聲相應，同氣相求。」你可以觀察日常生活中感情很好的情侶或夫妻，會發現他們似乎長得越來越像，連行為舉止也是，包含笑的方式、變換同一種動作的時機也都會很類似。這就是在親和感狀態中，人不自覺會產生一種和諧的頻率，而這種親和感可以透過「同步」的技巧製造出來。

在NLP神經語言學中，有一項運用的技巧叫做「同步」（pacing），簡單說就是配合或模仿對方以取得或建立親和感。如果我們也透過不經意地模仿、配合對方步調，去創造這種同步，這對於剛開始建立合作關係的雙方，都是一種溫和與隱約展現善意的一種方式。目的在讓對方知道，我正感受著你，傳遞出一種尊重，建立起彼此的親和感。

而這種「同步」的運用方式有兩種，分別是「語言的同步」以及「非語言的同步」，而我們奇門遁甲則稱之為「行為風水」，透過身口意的方式，與大自然時空同步共振，達成和諧的狀態，藉由共振的行為，讓大自然的能量（振動）來提升我們的能量（振動），使我們能量大增，超越自我，達成心靈深處的夢想。

「行為風水」是當我們起出特定的奇門時空局後，在特定的時間，特定的方位、或地點，去做符合宮內象意的行為方法（身口意，身：行為、動作、穿衣、喝水、吃東西、或寫字；口：講話、唱歌、持咒或唸經；意：思惟、心念、想法、或祈願）。方是方向，也就是空間；法則是行為，也就是心裡的意念，與自身、外在的行為。

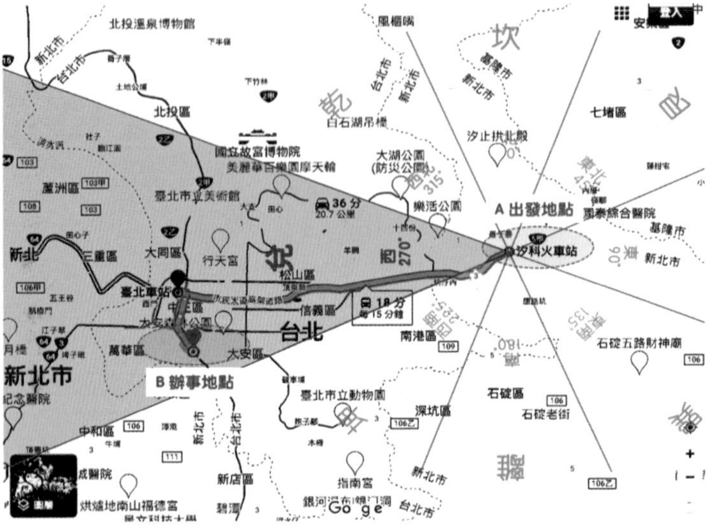

圖 109：在地圖上先查找要辦事的地點，位於我出發地點的哪個方位。

接下來，同樣用上一堂課的例子來說明如何應用「行為風水」，尤其是將「行為風水+出行訣」綜合使用，效果更立竿見影。

案例1：想另起爐灶，如何能順利談得成？

子奇老師前公司同事想要脫離老東家，在外另起爐灶，想約他的岳父及股東董事談此事，希望能談得圓滿順利。

我們第一步已在地圖查找了公司地點，是位於他家的西方。

第二步查表（請參看圖110），對應「西方」在右邊中間的「兌

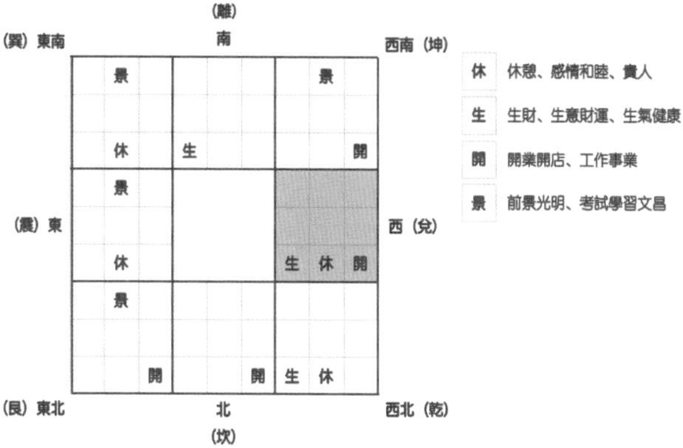

圖 110：依據出行方位「西方」鎖定宮位「兌宮」，再選「吉門」，工作開會最適合選用「開門」。

宮」，適合的吉門有「休門」、「生門」及「開門」，談生意或協調事情，可以先選「開門」，沒有再選「休門」及「生門」也OK。

第三步，根據當天的出行方位來選擇吉時，所以安排二〇二二年五月十六日下星期一早上十點開會談事，早上九點過後從台北汐止出發，走「開門」吉方。

接下來第四步就是要做「行為風水」了！尤其是將「行為風水＋出行訣」綜合使用，效果更明顯，更立竿見影。此時我們可以再打開「奇門盤」，將時間設定為二〇二二年五月十六日早上九點，看奇門盤的西方「兌宮」有什麼奇門符號。

結果「兌七宮」裡有奇門符號：騰蛇（八神）＋天任（九星）＋開門（八門）＋

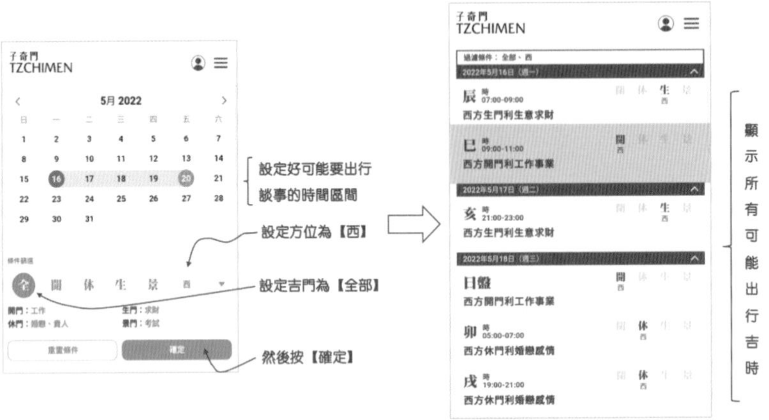

圖 111：設定好條件，時間區間、方位、吉門，「奇門曆」程式就能把所有的「吉時」找出來。

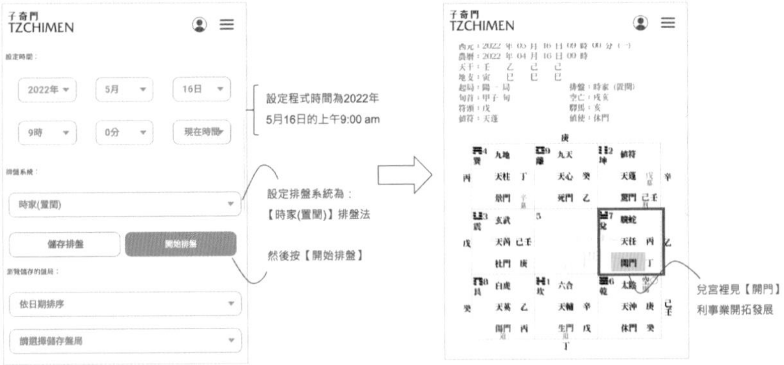

圖 112：打開「奇門排盤」程式，選擇時間，可以查看宮位裡的奇門符號。

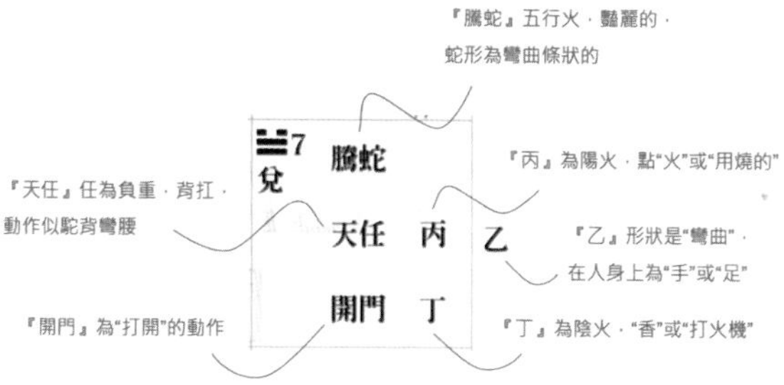
『騰蛇』五行火，豔麗的，
蛇形為彎曲條狀的
7
兌
騰蛇
天任
丙
乙
開門
丁
『天任』任為負重，背扛，
動作似駝背彎腰
『丙』為陽火，點“火”或“用燒的”
『乙』形狀是“彎曲”，
在人身上為“手”或“足”
『開門』為“打開”的動作
『丁』為陰火，“香”或“打火機”

圖 113：「兌七宮」裡有奇門符號：騰蛇＋天任＋開門＋（丙＋丁）及引干乙。

丙（天盤天干）＋丁（地盤天干）＋乙（引干）。

宮位裡的符號就像是演戲時的劇本，我們可以在早上九點過後，於出發前，在家裡的西方（兌七宮），做宮位裡奇門符號所指示的行為動作以與之共振。

怎麼做呢？早上九點一到，在家裡（或出發地點）的西方，用手（乙）打開（開門）打火機（丁）點火（丙）或點香（丁），打火機點七下或點七隻香（兌七宮數字為七），然後彎腰像拜拜一樣連拜七次（天任）。在家做完這些「行為風水」之後，再往西方出行沐吉氣去開會，必能順利成功，馬到功成！

第二節 奇門符號在「行為風水」方面的象徵

「行為風水」施作的要訣，就是當我們起出奇門盤後，於奇門盤的時間，在宮位所對應的方位或地點，去做符合宮位內符號象徵的動作及行為。說白話一點，就是把宮位當作劇場（對應空間，如家裡的某一方位），把奇門符號當作是演戲的腳本，依這腳本把符號所提示的動作（身）、聲音（口）、想像（意）給演出來，角色演得越像、越徹底、越忘我、越投入、越融入情境、越有感受，效果就越大。

換句話說，關鍵在於用生命去演這場戲，用感覺去演這場戲，這場戲就會成為你的未來！想有什麼樣的未來，就演什麼樣的戲，人生未來的劇本，可以由自己創造！這裡面其實隱含著創造未來生命中你想要的狀態與事物的重要法則！也契合了曾流行一時的「吸引力法則」及「夢想板」，幫助創造生命中你想要的事物及狀態的最佳工具。

「吸引力法則」可以簡單定義為：「你關注什麼，你就會吸引著什麼」，「在生命中，你會吸引到你所注意、關心的東西」。

「夢想板」則是一種「預見未來畫面」的方法，把自己心中的夢想或目標，化作情境相似的具體圖像，並貼在一塊板子上，放在每天生活環境中顯眼的地方，當你每天看見夢想，就能集中專注力在上面，並按部就班地去實踐夢想與目標！

但「吸引力法則」及「夢想板」為什麼很多人施行起來卻沒有效果？或換個方式問：「要如何才能提升它的效果，幫助你心想事成？」我在這先透露要強化其效果，其中最主要的三個祕訣：第一、要在對的宇宙時空之下；第二、要將「你所想要的」與「宇宙所對應的標的物」做正確的連結與共振；第三、要用「心」，不是用「想」的而已。

奇門遁甲宮位裡的符號包括**八神**、**九星**、**八門及十天干**，但因「遁甲」，所以盤內只看到九個天干，而且中宮不用，所以九星我們只用到八星，天禽星不用。在做「行為風水」時，要把每個符號，當做動作（身）、聲音（口）或想像（意）來看，我們接下來一一來說明每個符號所對應的特質、行為或物品。

1.「八神」

值符（土、木）

- 特質或形狀（形容詞）：名貴的、貴重高檔的、權力象徵的。
- 象徵物品：名貴的物品、貴重高檔物品、錢幣、珠寶首飾、鑽石、名貴古董、名人字畫、名貴藝術品、高檔傢俱、印章、玉璽、令徽、委任狀、證書、符等。
- 行為動作：穿著配戴名貴、說話權威。

騰蛇（火）

- 特質或形狀（形容詞）：屬火的、鮮豔的、五彩斑斕的、引人注目的、彎曲的、條狀的。
- 象徵物品：香火、燈、蠟燭、鮮豔的衣服或物品、帶花紋的布和衣服、絲巾、腰帶、鞋帶、領帶、項鍊、手鍊、髮辮繩子。
- 行為動作：穿著、配戴要鮮豔、花色多、或帶有花紋的服飾，戴上絲巾、腰帶、鞋帶、領帶、項鍊、手鍊、或髮辮、說話巧變圓融、機智圓滑。

太陰（金）

- 特質或形狀（形容詞）：精緻藝術的、精雕細琢的、女人的、陰暗的、低調不引人注目的。
- 象徵物品：精緻藝術品（雕塑品、玉器、珠寶、工藝品、圖畫、服飾品、字跡墨跡、字畫）、印章、女人用品、化妝品、仙佛觀音瓷像。
- 行為動作：穿著打扮力求精緻典雅、行事低調不引人注目。

六合（木）

- 特質或形狀（形容詞）：不止一樣的、多數的、多次的、多樣的、一對的、組合拼裝的、盒子狀的、開心歡笑的、和氣的、能言善道的。
- 象徵物品：多數的、多樣的、組合拼裝的物品、盒子、箱子、低矮櫃子、合約、證書、證物、印信、契約、心形物、一對天鵝、百合花。

- 行為動作：合上（闔上、關起來）、心情表情開心歡笑、口若懸河。

白虎（金）

- 特質或形狀（形容詞）：金屬的、石製品的、強硬的、堅硬的、白色的。
- 象徵物品：堅硬的、玻璃杯瓶、石頭、石製品、金屬製品、金銀銅器、鎖、玩具刀槍器械、汽車。
- 行為動作：態度強硬、表情威嚴、穿白色衣服。

玄武（水）

- 特質或形狀（形容詞）：黑色的、懸掛的、裝水的、文書的、暗地裡的、風水玄學的。
- 象徵物品：水、飲料、風水物品、水中之物（魚、蝦）、烏龜、圖片、圖畫、文章、印信、文章、傘、瓶、罐、瓢、缸等容器。

●行為動作：暗中行事、偷偷摸摸的（像貓走路）。

九地（土）

●特質或形狀（形容詞）：地下的、低處的、矮的、低調的、土製的、收藏儲藏的、動作小的、動作緩慢的、被動的、音量小的、保守的、本地近處的、年代久遠的。

●象徵物品：沙石、古董、五穀、布帛、缸、瓦盆、瓦罐、土製品、儲存糧食的器皿、儲存衣物的櫃子、首飾盒。

●行為動作：低調保守行事、態度被動、擺低姿態、音量小、坐著、蹲下、趴著、躺著。

九天（金）

●特質或形狀（形容詞）：天上的、高處的、高的、高調的、金屬製的、動作大的、動作快的、主動積極的、音量大的、高調的、外地遠處的、年代久遠的。

- 象徵物品：金玉、寶石、劍戟、刀槍、錢、鏡子、銅鐵、帽子、光亮玲瓏物、旋轉活動物。
- 行為動作：高調行事、態度積極主動、擺高姿態、動作大、音量大、講話快、站高處、站起來、站著。

2.「九星」

天蓬星（水）

- 特質或形狀（形容詞）：蓬狀的、蓬鬆的、黑色的、多毛的。
- 象徵物品：傘、雨具、黑色或蓬鬆、寬鬆的衣服、頭髮或鬍子濃密蓬鬆。

天芮星（土）

- 特質或形狀（形容詞）：有問題的、包容收納的、土製的、布做的。

●象徵物品：藥水藥丸、醫藥用品、書籍、仙佛神像（菩薩、觀音）、瓦罐、瓷器、包包、布包、背袋。

天沖星（木）

●特質或形狀（形容詞）：高大挺直的、快速敏捷的、果斷的、會動的、發聲的、會跳的、會沖的。
●象徵物品：竹、樂器、音響、鐘、鈴、火箭、煙花、鞭炮、汽車、兔子。
●行為動作：走動、跑、沖撞、跳躍、發聲、唱歌、彈或吹奏樂器、唸經。

天輔星（木）

●特質或形狀（形容詞）：跟風有關的、柔軟的、木製的、布質的、條狀的。
●象徵物品：空調、風扇、窗口、窗簾、繩子、桌椅、板凳、床、傢俱、衣服、棉被。

天心星（金）

- 特質或形狀（形容詞）：貴重高檔的、金屬製的、醫藥的、心形的、圓形的、心態心情。
- 象徵物品：金、銀、珠寶、貴重物品、金屬製品器皿、醫藥、草藥、仙佛神像（菩薩、觀音）、心形相框、圓形物品。

天柱星（金）

- 特質或形狀（形容詞）：發聲的，柱狀的，金屬製的。
- 象徵物品：發聲的物體，如電視、樂器、音響喇叭、鐘錶，或柱狀物，如木棒、筷子、筆，及金屬製品等。
- 行為動作：發出聲音、講話、直立。

天任星（土）

- 特質或形狀（形容詞）：負重承受的、彎腰駝背的。
- 象徵物品：桌子、椅子、床、櫃子、橋、樓梯階梯等。

● 行為動作：背上背東西、彎腰拜拜、爬樓梯、走在橋上。

天英星（火）

● 特質或形狀（形容詞）：漂亮的、發亮的、與火有關的、電器的、與文件有關的、表演展現的、影視的、虛榮浮誇的、開花的。

● 象徵物品：亮麗發亮之物如或與火有關的事物或物品，螢光棒、燈具、爐灶、爆炸易燃物品如煙花爆竹、家用電器、影視用品、證件、圖片、圖書、開花的植物、盆景、花卉等。

3.「八門」（僅介紹常用的吉門：休門、生門、開門及景門）

休門（水）

● 特質或形狀（形容詞）：液體的、鬆軟的、運輸的、流動的、悠閒懶散的、輕鬆愉悅的、動作慢的、態度語音溫和的、衣著寬鬆的。

● 象徵物品：飲料、酒、水等液體物質；布、繩索、衣物、棉花等鬆軟物質；

船、汽車、摩托車等運輸工具；鐘錶、風扇、洗衣機、空調等能動的家電。

- 行為動作：休息、躺著、放鬆、冥想靜坐、動作悠閒懶散、心情輕鬆愉悅、態度語音溫和、衣著寬鬆。

生門（土）

- 特質或形狀（形容詞）：生長的、生活的、活的、活躍的、有生氣的。
- 象徵物品：人們生活所需的一切物品，如柴、米、油、鹽等、活的生物。
- 行為動作：種植、養殖、放生、生產製造。

開門（金）

- 特質或形狀（形容詞）：打開的、有開口的、貴重高檔的、圓形的。
- 象徵物品：門、金銀珠寶飾品、貴重物品、圓形物品、飛機。
- 行為動作：打開（抽屜、櫃子、盒子、箱子、蓋子、門、窗、水龍頭、鎖、瓶子）。

景門（火）

●特質或形狀（形容詞）：有畫面的、賞心悅目的、華麗亮麗的、美貌漂亮的、化妝打扮的、表演展現的、有願景理想的、想像未來畫面的、文書的、發亮的、電器的、喜慶的。

●象徵物品：圖書、圖畫、照片、藝術品、時裝、美容美髮用品、文件、合同、證書、顏料、油漆、燈光、霓虹燈、電腦、電視機、投影機等。

●行為動作：繪畫、掛畫、化妝打扮、穿著漂亮、展現表演、祈願觀想、開燈、點香、打火機點火。

4.「天干」

乙（陰木）

●特質或形狀（形容詞）：花草的、木製的、條狀的、文化藝術的、質軟、柔弱、依附、彎曲、曲折、委婉、文化藝術。

● 象徵物品：彎曲的、藝術精緻的、木製品、花草、植物、盆栽、茶葉、葫蘆、天鵝、龍、桃木、如意、鏟子、繩子、項鍊、領帶、衣架、桌椅、頭髮毛髮。

● 行為動作：手、腳、彎曲、蹲坐、勾子、爬行、游動、打坐、牽手、握手、雙手合十祈福、戴項鍊、打領帶。

丙（陽火）

● 特質或形狀（形容詞）：發亮的、火熱的、電器的、熱情的、急躁的、紅色的、圓形的。

● 象徵物品：圓形的、發熱的、光亮的、紅色的、暖熱的、西瓜、蘋果、燈、燈籠、電器、水晶球、鏡子、玻璃、眼鏡、紅色中國結、豬、圓餅。

● 行為動作：圓形（畫圓、走圓等）、火燒、戴眼鏡、用圓型杯子喝水、吃圓形的餅乾。

丁（陰火）

●特質或形狀（形容詞）：發亮的、溫暖體貼的、亮麗的、吸引目光的、帶刺尖銳的、丁字形的。

●象徵物品：尖狀的（勾、針、刀、釘、帶刺的花、高跟鞋）、香、打火機、香煙、燈、電器、手機、拐杖、衣架、細長的（吸管）、證件、鈴鐺、紅色中國結、鑰匙、首飾。

●行為動作：點香祈福、點燈、抽菸、手機打電話、吸管吸飲料、掛衣架、釘釘子、掛勾子、紅色中國結、發聲響的、掛鈴鐺、唱歌、唸經、彈奏樂器、叮、釘、咬、吸、勾。

戊（陽土）

●特質或形狀（形容詞）：金錢的、土地的、土製的、肉多的、方形的、誠實可靠的、速度慢的。

●象徵物品：沙土、土製品、陶瓷品、陶瓷碗盤、碗公、聚寶盆、花盆、鹽燈、磚瓦、錢（紙鈔）、錢包、方形物（箱子、盒子）、肉、肉多的（豬、大象）、肉包、鼻子、桌子、牆壁。

● 行為動作：吃肉（肉包）、肉多、拿陶瓷碗盤、燒紙錢、翻書、數錢。

己（陰土）

● 特質或形狀（形容詞）：有主意想法的、拐彎抹角的、能屈能伸的、有慾望的、邪念、形狀彎彎曲曲的、捲曲的。

● 象徵物品：捲曲的（捲好的棉被、折好的紙鈔）、開口的（瓶口）、有嘴的（茶壺壺嘴）、陶瓷品、有收口的花瓶、花盆、聚寶盆、貔貅、信封（有封口）、繩索、食物、陶磁做的蛇、捲曲睡覺的貓狗陶製品、沙土、勾子、折扇。

● 行為動作：吃、吸、喝（用嘴用口）、拉、撒、盤腿（腿捲起來）、折疊衣服或疊棉被、折紙鈔。

庚（陽金）

- 特質或形狀（形容詞）：金屬的、石製的、堅硬的、強硬的、威嚴的、有氣概魄力的、霸道武斷的。
- 象徵物品：堅硬的、玻璃杯瓶、石頭、石製品、鎖、玩具刀槍器械、汽車、金屬製品、銅製麒麟、金剛經、金光神咒。
- 行為動作：發聲、唸經、敲打出聲。

辛（陽金）

- 特質或形狀（形容詞）：顆粒的、小型金屬的、創新改革的、貴氣的、亮麗物質的。
- 象徵物品：顆粒狀的（大豆、玉米）、水晶球、小型金屬（戒指、項鍊、手鐲、金銀珠寶、手錶、小刀、鑰匙、銅錢、錢幣、五帝錢）、心經。
- 行為動作：唸心經或抄寫心經、懺悔許願（心想事成）、改變、吃辛辣的食物。

壬（陽水）

- 特質或形狀（形容詞）：管狀的（水管）、波浪狀的（窗簾、棉被）、彎曲蛇形的、水中的、流動變化的、善變的、運輸的、任意的。
- 象徵物品：管狀的（水管）、波浪狀的（窗簾、棉被）、彎曲蛇形的、流動的水、自來水、水、飲料、茶、酒、水中之物（魚、蝦）、烏龜、圖片、西瓜（水分多）。
- 行為動作：走、動、彎曲的、波動的、波浪的、任意走動、喝水、倒水、灑水、打開自來水。

癸（陰水）

- 特質或形狀（形容詞）：變化的、流動的、行動走動的、與水、液體有關的。
- 象徵物品：液體物品（水、飲料、茶、酒、墨水）水龍頭、飲料瓶、雨水、露水、水池、濕地、痣、圖片、鞋子、化妝品、烏龜。
- 行為動作：走、動、足、來回走動、喝飲料、喝酒、點痣除痣。

第三節 「行為風水」的運用

「行為風水」的主要指導原則，是以「天干」為主，「神、星、門」為輔。以「天干」為行為動作，「神、星、門」為行為動作的形狀、姿態、或物品，做為行為動作的補充或形容。

接下來，舉幾個案例說明，看看如何運用「行為風水」在我們要去面試、約會或去談生意時，提升我們的運勢，增加勝算，得其所願。

案例1：今天下午兩點要去一家公司面談，如何才能應徵得上？

首先打開「奇門曆」程式，設定面試前兩到三天的時間區段，點選「所有方位」，八門可選取「開門」或「景門」，因為「開門」利工作事業，而「景門」利考試面試。

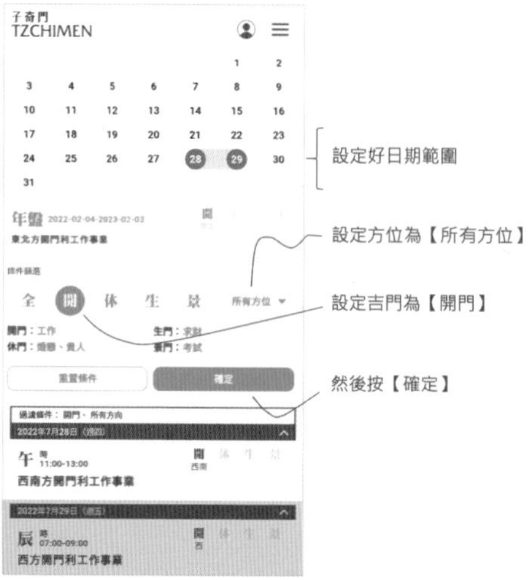

圖 114：設定好條件，時間區間、方位、吉門，「奇門曆」程式就能把所有的「吉時」找出來。

假設面試時間是二〇二二年七月廿九日下午兩點，而今天是二〇二二年七月廿八日下午四點廿三分，時間已經很緊迫了。幸運的是，面試當天二〇二二年七月廿九日早上七點到九點，就有「開門」吉門在西方，雖然七月廿八日還有另一個時辰，但時間已過去了，我們就不用它了。所以，最好在辦事前的前的兩到三天的時間去做「行為風水」，時間會比較充裕。

用奇門曆就有這個好處，可以快速地將所有吉方吉時找出來，而且避開吉

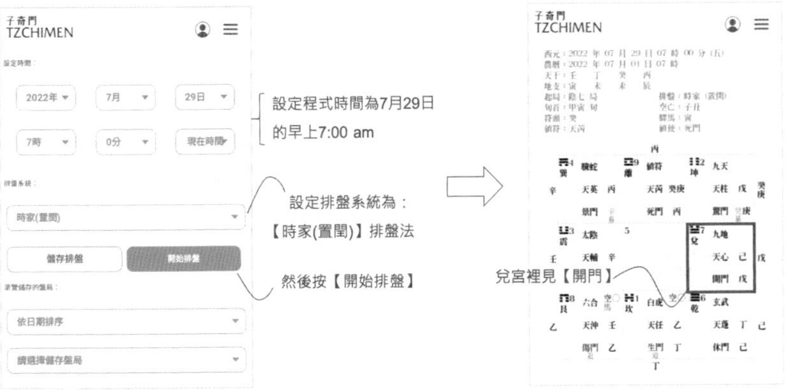

圖 115：接著打開「奇門排盤」程式，設定好時間，用「時家（置閏）」法排盤，然後按「開始排盤」。

門在宮位裡的所有不利情況，包含「門迫／門制、門伏／門反」、「白虎、空亡〇」、「天干擊刑」及「五不遇時」。

因為「行為風水」得依宮位內的奇門符號去做行為，所以我們接著打開「奇門排盤」程式，設定好時間，點選「時家（置閏）」法排盤，然後按「開始排盤」就可起出奇門盤了。

為何要做此宮位的行為風水？因這個宮位內有吉門「開門」最利工作事業，可以在工作面試前，在奇門盤所示的時辰內，於家中的西方「兌宮」，坐在低處（矮凳上）上，開心地吃著肉包，分七口吃完，然後演練及想像著今天下午的面試能圓滿順利成功！

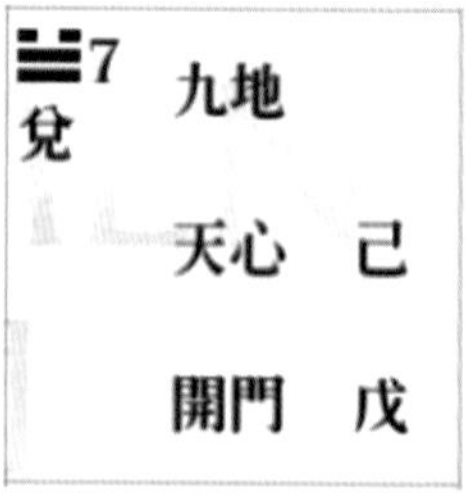

圖 116：「兌七宮」符號為：九地＋天心＋開門＋（己＋戊）。

要點在於，先從天盤天干及地盤天干兩個天干之中，找一個有「行為動作」象徵的天干當動作，以那個天干為主。例如「己」為口、為嘴，代表「吃」這個動作；而「戊」就可當作「物品」，戊為「肉」；而「己＋戊」在兌七宮，兌宮方位為西方，數字七，就可形成「吃肉包，分七口吃完」這個行為。

「神、星、門」為行為動作的形狀、姿態、或物品，做為行為動作的補充及形容。所以「天心」為心態心情，「開門＋天心」就是「開心愉悅」的心情，「九地」為低處，可拿張矮凳坐著吃。

所以施做第一要點就是：以「天干」為主，「神、星、門」為輔。以「天干」為行為動作，「神、星、門」為行為動作的形狀、姿態、或物品，做為行為動作的補充及形容。「行為風水」最重要的是要「動」，「動則應」。也就是說，「人」要有動作，去做（身）、去說（口）或去想（意），從天干入手，至少找一個天干來做行為動作，不管是鎖定宮位裡上面的「天盤天干」，抑或下面的「地盤天干」，至少找到一個天干去做動作，則剩下的另一個天干，及其他的「神、星、門」符號，就可以為輔，當作「做這個行為動作」的形狀、姿態、物品的性質補充或形容。

如果真的找不到或想不到天干可以做什麼行為動作，其次，也可從「神、星、門」下手，鎖定一個或兩個符號做動作，其餘的就做為「該行為動作」的形狀、姿態、物品的性質補充或形容。接著我們再舉一個案例看看。

案例2：中午餐廳生意不好，沒啥客人，晚餐時間快到了，怎樣能讓客人上門？

「行為風水」最厲害的地方，就是做起來簡單，但收效快速！假設開的是餐廳，中午客人很少，晚上希望能多些客人上門，現在已經下午四點多了，要怎樣做「行為風水」能讓晚上多一些客人？

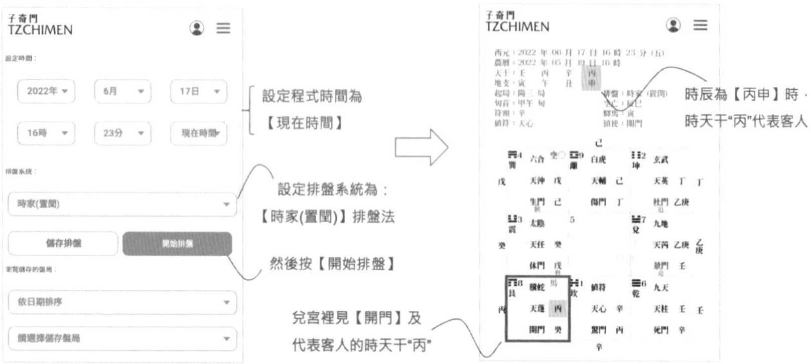

圖 117：打開「奇門排盤」程式，時間為現在，設定「時家（置閏）」法排盤，然後按「開始排盤」。

正所謂開門做生意，開門大吉，客人就是我們的財源，想要讓客人多一些，這時我們可以在店面裡立即打開「奇門排盤」程式，看看有沒有機會做個「行為風水」，讓晚餐時間能有多一些客人上門。結果艮八宮裡，剛好見到代表店面的「開門」，而且開盤時辰是「丙申」時，時天干「丙」代表客人。客人「丙」與店面「開門」同宮，那不就是代表客人上門了嗎！

雖然東北方的「艮八宮」裡有「開門」，但我們還要檢查一下「開門」在「艮八宮」裡可不可用？有沒有「門迫／門制、門伏／門反」、「白虎、空亡〇」、「天干擊刑」及「五不遇時」等情況。

結果運氣真好，「艮八宮」裡「開門」不會與宮位造成「門迫／門制、門伏／門

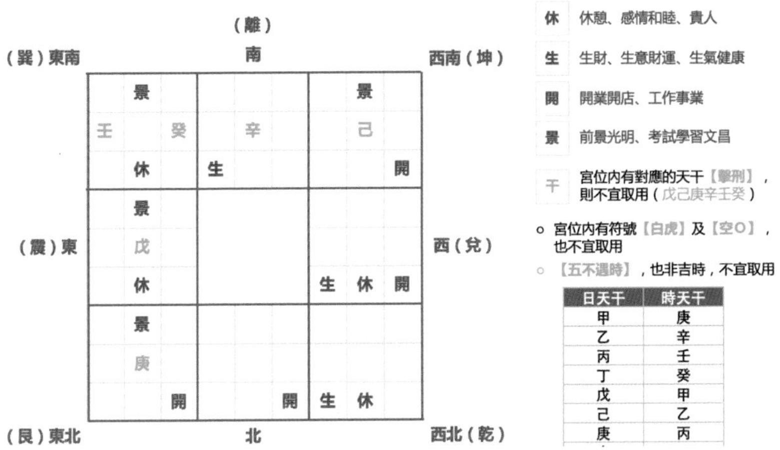

圖 118：用「奇門遁甲辨方擇時」速查表，找出「開門」在哪個宮位可用，而且宮位內是否有「白虎、空亡O」、「天干擊刑」及「五不遇時」等情況，若有，則該宮位或時辰當捨去不用。

反」，也不見「白虎、空亡O」，更沒有「庚」的「天干擊刑」，時辰也不是「五不遇時」，在這時辰之下，「艮八宮」是安全有利的。

要做此宮位的行為風水，可在下午五點前，於店面裡的「東北方」，拿把雨傘（「天蓬星」代表雨傘），最好是帶有條紋或顏色鮮豔的雨傘（「騰蛇」代表條紋的、顏色鮮豔的），然後做打開雨傘這個動作（「開門」代表打開），做幾次？做八次（「艮八宮」數字八），然後想像著晚餐時間一到，客人就上門了！

這就是抓住一個帶著動作的符號，如此例的「開門」，以它為主，其他的符號可視作該行為動作的形

圖 119：「艮八宮」符號為：騰蛇＋天蓬＋開門＋（丙＋癸）。

狀、姿態、物品的性質補充或形容。如果要加強的話，還可以接著原地走圈，走八圈，因為「癸」為足、為走，「丙」為「圓形的」，「癸＋丙」就可以「走圓」或「走圈」。這就是「行為風水」，把人當吉祥物，去做奇門符號所指導的行為動作，與奇門符號所象徵的日月星辰的能量做共振，為自己加持，提升能量，以期達到人們心中所願。

做完「行為風水」後，這些物品如雨傘等，就可收起來了，「行為風水」不是佈局，最重要的是那個「動作行為」、「動而感應」，所以只要做了「動作行為」就可把相關的物品收起來了。

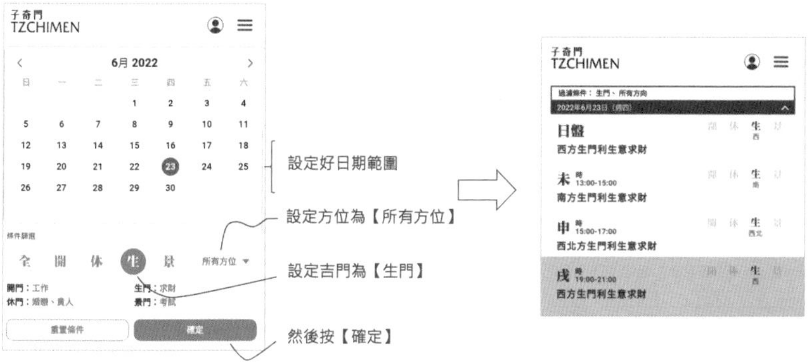

圖 120：設定好條件，時間區間、所有方位、吉門，「奇門曆」程式就能把所有的「吉時吉方」找出來。

案例3：如何用「行爲風水」增加財運？

想增加財運，第一、除了用第三堂課所教的「吉祥物佈局」；第二、還可每天開「奇門曆」在吉時走「生門」吉方，連走它一個月；第三、也可以開「奇門曆」選「生門」，挑吉時，再開「奇門盤」鎖「生門」宮位做「行為風水」。

例如現在是二〇二二年六月廿三日下午兩點廿三分，開了「奇門曆」後，顯示當天「生門」所有的吉時吉方，因當天日盤有「生門」在「西方」，而時辰晚上七點到九點在「西方」也有「生門」，因此我們就可在這時辰做「行為風水」。

因為「行為風水」得依宮位內的奇門符

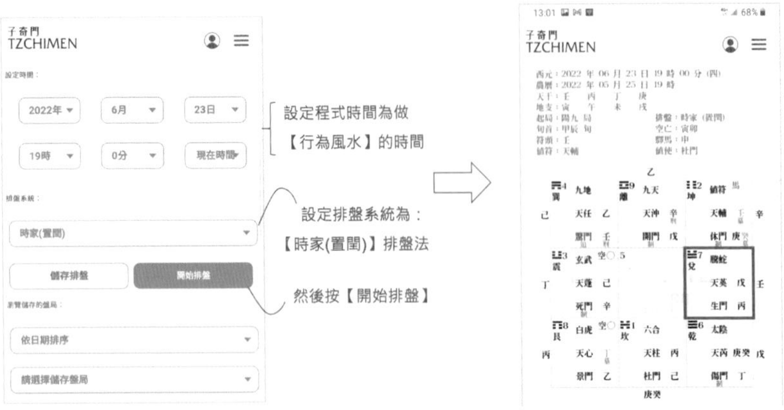

圖 121：接著打開「奇門排盤」程式，設定好時間，「時家（置閏）」法排盤，然後按「開始排盤」。

號去做行為，所以我們接著打開「奇門排盤」程式，設定好時間，點選「時家（置閏）」法排盤，然後按「開始排盤」就可起出奇門盤了。

要做此宮位的行為風水，可在晚上七點到九點，於家裡的「西方」，拿個紅色的紙箱（「丙」火為紅色的、「戊」為土、為方形、主收納，「戊」也為錢，可以是紙鈔）或紅色圓形的陶瓷碗，然後將紅色的紙鈔一張一張放進去箱裡或碗裡，想像這是個聚寶箱或聚寶盆，能生出財來（「生門」為生財）。

紙箱或陶瓷碗如果是帶有條紋的、顏色鮮豔的，或帶有花的圖案更好（「騰蛇」代表條紋的、顏色鮮豔的；「天英星」為漂亮的，也代表「花」）。

兌7　騰蛇

天英　戊

生門　丙

圖 122：「兌七宮」符號為：騰蛇＋天英＋生門＋（戊＋丙）。

如此一來，則近日內財運必然提升，就等著進財吧！

做完「行為風水」後，這些物品如紙箱、瓷碗或紙鈔等，就可收起來了。「行為風水」不是佈局，最重要的是那個「動作行為」、「動而感應」，所以只要做了「動作行為」就可把相關的物品收起來了。

第 7 堂課

造命改運法——開悟之道

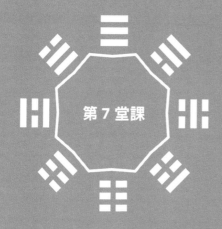

第一節 為何要努力及改變？努力及改變為何不成功？

為何要努力及改變？努力及改變是為了要過更好的生活！

如何努力及改變？努力及改變的方向在於「升維明覺，降維打擊」！

世界上有兩件有價值的事：第一件，自己好好的活著；第二件，幫助更多人好好的活著。

我們所有的努力及改變，都是在讓我們比一般人有更清晰的視角，有更好的身體去駕馭和活出快樂、健康、幸福、和諧及豐盛！

當你在書店裡拿起這本書，甚至看到這最後一堂課時，我要恭喜你，因為這代表你有福報，有非常大的機緣，因為在這堂課裡，你將有機會見聞流傳於很多成功人士，他們如何翻轉人生，改變命運的祕密。

「普通老師教給學員的，是各種方法、技巧和成功的經驗；大師則是直接破譯宇宙最核心的規律，打開眾生進入宇宙頻率級別，使眾生在自性軌道中游刃有餘。」

筆者去年二〇二一年寫了第一本由「春光出版社」所出版的《九宮奇門》，因應很多學員的要求，在新書簽名題字，當時我靈感一來，寫下了八個大字：「**升維明覺，降維打擊**」。在那時候，我也不知道為什麼要寫這八個字，只能說是「高我」給我的提示吧。而現在比較清楚明白了，原來這是揭示或者預告未來我該往哪個方向去教學及努力。因為「我們所有的努力及改變，都是在讓我們比一般人有更清晰的視角，有更好的身體去駕馭和活出快樂、健康、幸福、和諧及豐盛！」

因為所有為改變而做出的努力，其目的是為了要翻轉人生，改變命運。講直白一點，就是為了過更好的生活，而要過更好的生活，其中最大的關鍵與祕密之一，在於改變我們的「認知」，也就是「升維」提高我們的視角，以提升我們的認知力，然後運用「升維」後的認知、知識、能力以「降維」處理我們生活上所碰到的情境及問題的解決。一切的學習、知識、能力及努力，如果脫離了我們所愛的人，不能落實於解決我們生活上碰到的問題，那一切皆枉然，失去了意義！

- 升維（體）：進入宇宙頻率級別，破譯宇宙最核心的規律（底層規律）。

● 降維（用）：在自性軌道中游刃有餘。

「道」以「器」為用，什麼是「道」？「道」就是宇宙運行一切的底層核心規律，什麼是「器」？「器」就是法，「器」就是術，就是方法、法則、途徑、手段及工具。

要徹底的「造命改運」得從「自身的改變」開始

奇門遁甲在前面五堂課所談的方法，「調座位、擺物品、拆東西、走吉方、做動作」基本上屬於外加的方法，是運用奇門時空助你提升運勢或掃除阻礙的方式，是一種藉助外力（宇宙時空的能量）來幫自己心想事成，讓本來沒有的東西能多幾分勝算、多幾分機會得到手，無論是得官、得財、得事等等。但真正要將得手的人事物，能長期擁有，維持在自己身邊，真正要改變命運的根本解決之道，還是要從自身的改變做起。也就是奇門遁甲可以幫助你在人事物方面的「**可得性**」，但奇門遁甲並不能保證其「**維持性**」。

人都有困難的時候，比如開麵店，在疫情期間，生意不好，沒客人，運用奇門遁甲可以幫你催客人或佈財局增加客人及店面生意。但如果麵煮得難吃，服務

圖 123：外來的助力 vs 內在的改變。

態度又差，店面環境髒亂不堪，即使用奇門遁甲催來了客人，但光臨了你的店面一次，下次也不會再來了，這樣用奇門一次又一次地改運或佈局，效果也會越來越差，最後又回到了原來的慘狀。又好比，佈了增加學習考試的文昌局，但如果每天待在家打電動、上網路、看YouTube，不唸書，那成績也不會進步，考試一樣分數亂糟糟。

在我教學期間，也有很多外在條件很不錯的女學員想催桃花，想找條件好的男朋友，結果一佈完桃花局，效果還不錯，陸續開始有了不錯的約會對象。但很奇怪的是，過了半年、一年，怎麼又要佈局催桃花了。追究其癥結點，不是對男方諸多挑剔，就是出在自己的個性、心態、行為上有很大的問題。有些人在觀念上甚至有很大的偏差，佈局催桃花總想催個又高、又帥、又有錢的男朋友，以為憑著自己外貌佳，身材高䠷，有本錢，就可以任性而為，但個性或心態行為上卻跟人難以相處，即使一時得手，也會留不住，最後鏡花水月，空忙一場。然後，變成無盡的輪迴，催桃花佈局，約會談戀愛，吵架分手，再佈局，再來一次，又分手，又來，還來……人際關係如此，學習、工作、生意、金錢、健康也如此，道理都相通的。

所以，真正要改變自己的命運，擁有長久的幸福，除了要有「外在的機緣」（可得性），還得要有「內在的努力與改變」（維持性）。

為何嘗試努力改變，無法成功反而陷入了迷茫與焦慮？

隨著去年二〇二一年《九宮奇門》一書的出版，世界突然發生了巨變，一場疫情，加上這兩年的天災人禍，天地否變，正應了奇門遁甲聖典《黃帝陰符經》裡所講的一句話：「天發殺機，移星易宿；地發殺機，龍蛇起陸；人發殺機，天地反覆。」

所有人因為這場疫情，生活起了天翻地覆的變化，很多人因此失去了工作，生意沒了，家庭也失和了，人際關係、婚姻感情、工作事業、金錢生意及健康都出了問題，產生了極大的變化！

新冠肺炎疫情肆虐全球至今，不只染疫後身體健康受到影響，疫情也惡化了整體人類的心理健康狀況！根據世界衛生組織（WHO）統計，COVID-19大流行的第一年，全球焦慮和憂鬱的盛行率就大幅增加了百分之廿五。根據 WHO 分析，造成這些心理狀況的原因，可能是疫情大流行讓社會面臨前所未有的壓力，且因為疫情關係，也讓民眾更難尋求親人、社工的幫助，甚至也沒辦法參與群體活動。此外，對感染的恐懼、面對染疫者的死亡、經濟上的擔憂，也都成為壓力的來源，整個社會及世界，瀰漫著一股焦慮的氛圍。

人在焦慮的時候，就很容易聯想到負面情緒，因為會有很多「萬一」、很多「如果」，越想情緒就越低，它們是難兄難弟，常常會一起出現。而導致焦慮，其背後的最大原因來自於沒有「安全感」。

對於未來的不確定性，一般人會抱著駝鳥心態，選擇以不變應萬變，講白一點就是期待疫情趕快過去，明天會更好，結果沒想到疫情還沒結束，戰爭又開始，通貨膨脹、能源危機、天氣遽變、糧食危機，一波未平，一波又起，生活過得像溫水煮青蛙，坐以待斃。

另一方面，聽人家說：「危機即是轉機」，有志之士則積極地尋求調整、轉型、應變，隨著疫情越來越嚴峻，快遞外送，視訊會議，應聲而起，線上取代線下，網路教學時代來臨，網路上到處充斥著如何變網紅，如何變成Youtuber、Podcaster（播客），如何直播帶貨，如何製作影片短視頻、一頁式網頁，如何開網路商店，尤其是如何投資股票、虛擬貨幣、元宇宙、NFT的教學課程大量地湧現在網路社群裡。尤有甚之，看準大家想急於求成，快速變現，不勞而獲的心態，詐騙集團應運而生。

然後買了很多書，到處報名參加很多課程，渴望能快速改變自己，賺快錢，結果經過一陣子的瞎忙及努力之後，發覺自己仍然無所適從，未來也沒有看到任何變化與轉機，內心又迫切的希望改變，但更感到非常渾沌及迷茫，隨之更焦慮，更迷茫，更挫折，感到更沒希望。

不努力未必成功，但努力了就一定能成功了嗎？如果努力的方向不對，不得其法，那反而更糟。有一句話說：「**偏離方向的箭，會離目標更遠。**」就好像要往北去，卻搭上了一輛往南的高鐵，速度越快，反而會離目標更遠。

想學想做的事太多，面對多元及不確定性，選擇太多，看不清楚方向，搞不清楚什麼是最重要的，然後又急於求成，靜不下心來，每一件事做起來都跟大家差不多，很難做到深入；或是碰到困難時，無法突破，始終在外圍打轉，打不進核心。

總結歸納起來，一般人想嘗試努力改變，而沒法成功的主要原因如下：

- 從眾心理：只看表面眼前，見到別人做啥，就跟著做啥，跟著一窩蜂。
- 急於求成，不勞而獲：求快，不願付出太多努力，就想立即看到效果。
- 欲望大於能力：欲望與能力之間差距過大。
- 避難就易：碰到困難，就想放棄，給自己找藉口。
- 失焦：不夠專注，沒有耐心，心不定，不聚焦，想同時做很多事。

雖然下定決心想要徹底改變，想要努力，但明明知道，就是做不到；特別想要，但就是得不到！結果怎麼辦？來學「奇門遁甲」呀！想要藉由「奇門遁甲」外來的助力，不勞而獲，立即見效。

其實，歸根究底就只有一個原因，那就是因為「人性」使然。其實你沒有錯，只要是「人」，是人就有「人性」，是「人性」造成我們的命運很難改變！因為「人性」本就是「避難就易」，只做簡單和舒適的事，喜歡在舒適區域裡打轉，逃避真正的困難。因為「人性」本就是「急於求成」，凡事希望立即看到結果，對不能馬上看到立即結果的事，往往缺乏耐心，非常容易放棄。因為「人性」很容易失焦，想太多，「不易專注」。

因為天底下最難的事之一，就是克服人性！

明明知道，但就是做不到；特別想要，但就是得不到！其實，這不是你的錯。很多人並不了解我們這個「人」，不知道「人」的想法跟行為是怎麼來的？甚至也從來沒有嘗試去了解過。

奇門遁甲對應人體的四層盤

讓我們進一步的來深入了解，在奇門遁甲裡，到底是怎麼看待「人體」的。

「奇門遁甲」造式四層盤，上層象徵「天」，代表天時，置「九星」（天盤九星），反應太陽系及宇宙星辰相對於天球移動時，其光能輻射週期等變化與對地球的作用；中層象徵「人」，代表人和，佈「八門」（人盤八門），以八門（人盤八門）反映地球上氣候隨節氣相對太陽公轉時的運轉變化；下層象徵「地」，地之八方加中央為「九宮」（地盤九宮），代表地利，地盤九宮方位座標是用來確定不同時間內，九星八門所在方位的基準。最後還有更高層的第四層盤象徵「神」，代表神

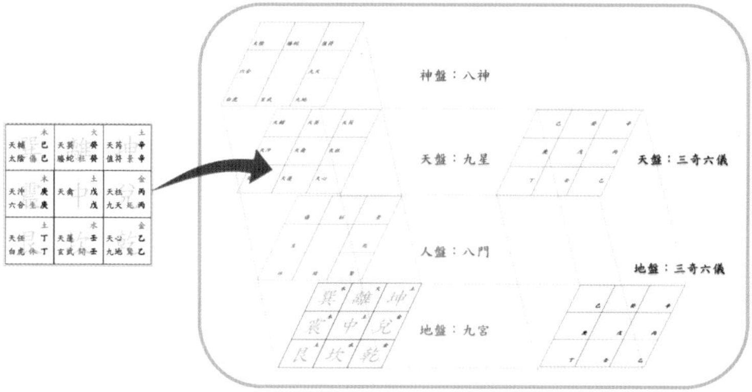

圖 124：奇門遁甲造式四層盤，地盤、人盤、天盤、神盤，分別對應人體的身、心、腦、靈。

助，為「八神」（神盤八神），是古人在天人感應中發現的八種神祕力量。所以可以這麼說，一張奇門遁甲盤，是呈現宇宙的星體，在多維度時空中運動的平面全息投影圖。

其大無外，其小無內，奇門遁甲不僅可以模擬整個宇宙時空，它還可以對應人體這個小宇宙，人體不僅有九宮，也分天地人神四層盤：

- 神盤　靈　覺察與自控　三界之外
- 天盤　腦　性格與想法　第三界
- 人盤　心　情緒與感受　第二界
- 地盤　身　作息與行為　第一界

舉人體天盤九宮為例，道家把人腦分為九宮，這是修煉的祕密，在奇門遁甲中，天盤象徵人的腦，人腦有九宮、稱之為泥丸九宮，泥丸就是上丹田，又叫松果體。《黃庭內景經．至道章》說：「房有一寸，故腦有九宮。而此九宮之部位名稱：兩眉間卻入一寸為明堂宮，卻入二寸為洞房宮，卻入三寸為丹田宮，也名泥丸宮，卻入四寸為流珠宮，卻入五寸為玉帝宮。明堂上一寸為天庭宮，洞房上一寸為極真宮。丹田上一寸為玄丹宮，流珠上一寸為太皇宮。通過一定的功夫修煉，大腦九宮的深層功能會得到激發。」

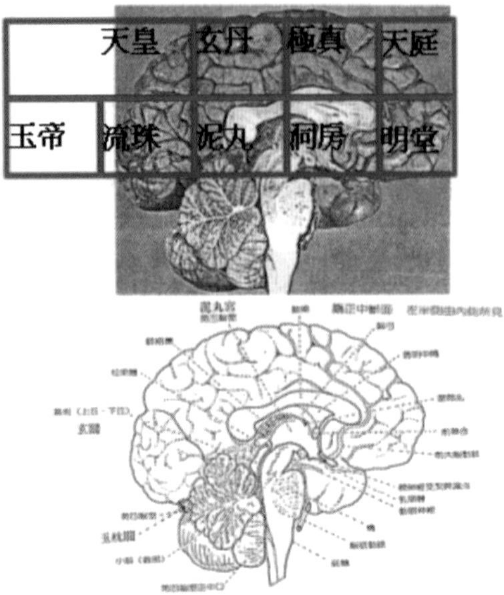

圖 125：奇門遁甲天盤象徵的是：人腦泥丸九宮。

我們可以用奇門盤來象徵人體，進行人體的修煉，追求人神一體，天人合一的境界。**當我們放下了自己的私心雜念，超出了自我慾望的牢籠，忘記了自己的想法念頭，進入物我兩忘的狀態**，就能溝通宇宙中的能量和信息，達到「宇宙在我心中，我在宇宙中」，我與宇宙同體同源，息息相通，和宇宙萬物共振、共鳴，能量、訊息交流。

當我們處於這種狀態，所有的祕法都可以不要，所有的理論都可以忘記。大道至簡，大道無形，大道無法。這是一種大道自然，返璞歸真的高級狀態。在這種清淨無為，忘我無私，天人合一，人神一體的狀態，不求訊息，訊息自來，不求功能，功能自現，便可「足不出戶，知天下事」。

但是，「我們要如何放下自己的私心雜念，超出自我慾望的牢籠，忘記自己的想法念頭呢？」或者反過來問：「我們為何放不下自己的私心雜念，超不出自我慾望的牢籠，忘不了自己的想法念頭呢？」

人體生命機器人

人的身體上的管理機制，可以分成三個，第一個是主管我們的「生理本能」；

第二個是主管我們的「情緒控制」；第三個是主管我們的「思考認知」。這三個管理機制或能量中心，在道家又稱為三個丹田，分別為下丹田、中丹田、上丹田。

這三個管理機制，隨著時空的演化，為了適應生存環境而逐一演化發展而成，其基本目的只有一個：「讓自己活著」。以進化的角度來說，主管「思考認知」的中心最為高級，它是在地球文明裡我們人類所獨有，也因此讓人類在地球上成為萬物之靈，成為地球的霸主，占據了統治地位。

這三個管理機制也組成了「我」，因此，所謂的「我」是指什麼？就是可再拆分成三個「我」，這三個既獨立又協同作戰的「我」，其存在的最重要目的，就是確保「我的生存」。而這個我又可稱之為「小我」，它具有「保護性」，保護我的生存；它具有「排它性」，當面臨生存競爭時，會以自己的生存利益為先，排擠、排除別人。

那是不是具有「思考認知」功能的最高管理中心，他的權力就最大了呢？管「情緒控制」及管「生理本能」的就會聽老大的話了嗎？嘿嘿，那可不，有沒有聽過：「將在外，君命有所不受」、「天高皇帝遠」、「上有政策，下有對策」？

記得我以前在看「康熙王朝」電視劇時，清順治十八年，順治遁入空門。危急之際，孝莊皇太后力挽狂瀾，將大病初癒年僅八歲的小康熙玄燁推上龍座，成為康熙皇帝。康熙即位后，鰲拜等權臣威迫有加，連孝莊皇太后也只好含辱。鰲拜親政開始，康熙改歸皇權，權臣竟圖謀廢君改朝，康熙被迫殊死相爭，最終智擒鰲拜，肅清政敵。

不是你地位高，下面的都聽你的！在遠古時代，為了生存，人類必須藉助本能及情緒的力量，面對機會時做出快速的反應，即時享受捕捉到的獵物；同時面臨危險感到恐懼時，立即逃跑，才不至於被吃掉、被餓死（急於求成）。為了生存，還要盡量節省能量，像思考這種耗能高的行為，也都會被視為對生存的威脅，會被管「情緒控制」及管「生理本能」的排斥（避難就易、不勞而獲）。

因此，就像小康熙一樣，雖然「思考認知」中心最高級，但比起鰲拜這些輔佐大臣，「情緒控制」及「生理本能」中心，他的力量實在太弱小了，而且：

- 「思考認知」中心是二百五十萬年前才開始出現，而「情緒控制」及「生理本能」中心至少有兩億年以上的進化了；小康熙才八歲，鰲拜這些老臣在他爺爺時就已經在帶兵打戰了。
- 「情緒控制」及「生理本能」中心掌管著潛意識和生理系統，運算速度可達一秒一千一百萬次；而「思考認知」中心最快運行速度為一秒四十次，兩者速度差了快三十萬倍，這也是我上課常講的，「潛意識」是「意識」力量的三十萬倍，簡直是小巫見大巫！

●「思考認知」中心雖然較有遠見，善於權衡判斷，能延遲享受以獲得更大的滿足，但他的力量實在是太小太弱了，「情緒控制」及「生理本能」可以不接受「思考認知」的管控，並在不告知它的情況之下，直接決定及行動。

我們的大腦裡大約有八百六十億個神經元細胞，受「情緒控制」及「生理本能」中心管控的就有將近八成，因此他們對大腦的掌控力更強，而且離心臟更近，一旦緊急狀況出現，可以優先得到供血。這也是為什麼我們當處於極度的緊張時，大腦會缺血，感覺一片空白。

「情緒控制」及「生理本能」中心還管理著我們的生理系統及潛意識，時時刻刻調控我們的血液、呼吸、心跳、視覺、聽覺。可以說我們生活中大部分的決策，其實來自於「本能」及「情緒」，而非源於「理智」，或是來自於「衝動性」的決定。

「情緒控制」及「生理本能」中心的性質比較像「動物性」，好像小狗在吃飯時，你一搶牠的食物，它馬上咬你；「思考認知」中心的性質比較像「人性」，會先思考判斷，然後再採取適當的行動。雖然進化使得我們人類擁有高級的大腦，但這擁有智慧能思考的大腦才剛具雛形，功能非常簡陋陽春，像半成品，還沒成熟到足以號令指揮人體這身精密的機器。

這也好像我們才剛從企管學院畢業剛進入職場，是職場新鮮人，距離掌管一家大型的企業還很遙遠，更甚者還想對這龐大的組織進行改革重整，你說，這不是要逼死寶寶了嗎？想想小康熙，再想想自己。

我們要認清的真相是，雖然我們成為人類，是地球上的萬物之靈，但我們只是人類1.0版，非常低階，還沒改造完成，還沒進化完成！我們其實只是一個「生命機器人」，身體內有很多很多不同的小程式（小程序）掌管著我們身體的功能與想法，而當我們即使有那麼一絲絲自由意志出現的時候，雖然下定決心想要徹底改變、想要努力，有很多的想法、夢想要去實現完成，但明明知道，就是做不到，特別想要，但就是得不到！

你現在明白了，這不完全是你的錯。因為人類的天性：在慾望上急於求成，在行動上避難就易，這就是人性。

因為這改變、改革的任務以及必須為此所付出的努力、決心、毅力與時間，實不亞於小康熙想改革及建立康熙王朝。現在你也知道了，為什麼有成就的人少，大成功的人也很少，能真正改變命運的人也很少，大部分的人都是平凡人，多是選擇逆來順受！

我再告訴你一個更殘酷的事實，如果連你那唯一的、僅存的「思考認知」中心也選擇放棄了，那就沒有翻身改變的機會了！

一個人的性格是怎麼形成的？一個人的性格是由先天的性格加上後天的際遇所形成的一種固定的、習慣化的思維方式和行為風格，而**性格決定選擇，選擇決定了命運！**面對相同的處境，不同的人會選擇不同的方式應對，選擇及應對方式的不同，除了決定了他未來面對相同事情及處境的發展的不同，也同時造就、強化及鞏固了這個人未來面對相同情境時，他會做如何的選擇及應對！

馬戲團中通常最受歡迎的大明星，是他們的大象，巡迴到每個地方總是吸引無數的孩童注意，有一位少年為了想更接近地看看大象，特意跑到馬戲團的後台，最後，他很驚訝地發現那幾頭大象只是被普通的繩子綁在一根木頭上而已。

少年好奇地問馴獸師：「先生，為什麼你們只用一條繩子就能制伏這麼巨大的

圖 126：一條繩子為何能輕易拴住一頭象？你被經驗綁住了嗎？

象，難道不怕牠們用力一拉便能逃走嗎？」

馴獸師笑一笑回答：「你不了解吧！這些象是我們從小養大的，當牠還小時，我們用大鐵鍊把牠鎖著，每次牠想逃走，只要一拉便痛得動彈不得，久而久之，只要牠想到用力拉就有痛的經驗後，最後便放棄逃跑。現在，我們雖然只用一條繩子綁著牠，但牠也不再相信自己是可以逃走的。」

現在你就像是那頭大象，曾經你也是小象，你曾嘗試過掙脫，你也曾經有過夢想，但當你一次又一次的努力、嘗試及為了改變而努力，最後卻一次又一次的失敗了，你內心的信念、認知形成了，鞏固強化了，那條無形的繩子緊緊地限制了你、綁住了你，讓你不敢對自由的追求再抱持著任何的希望了。你那心中的小火幾乎已經熄滅了，甚至完全沒了！跟那頭

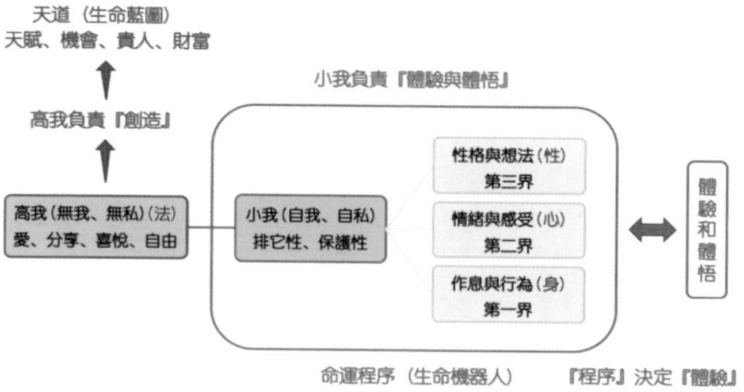

圖 127：我們的命運程序由性格、情緒及本能所掌握，成為了一個生命機器人。

大象一樣，只要每天有吃有喝，能不打我，要我做什麼就乖乖地做什麼，表演什麼就順從地演什麼，因為連你最後的一點可以自由運用的，可以掌握的「思考認知」管理中心，也臣服了生活，也向命運低頭了！

江山易改，本性難移，習慣之所以改變不了，是因為它是自我鞏固的，越用越強、越強越用！

兵敗如山倒，我們成為一個「生命機器人」了！由性格、情緒及本能，全權掌握了我們的人生！更糟的是，我們擁有地球上經過了幾億年才進化出這麼高級的大腦，卻被我們用來懊悔過去，擔憂煩惱未來，搞得現在很煩惱、痛苦、焦慮，生活過得很渾沌、迷茫。面對困境時，最高級的「思考認知」中心被用來「自我解釋，找藉口」，被用來「擔憂明天，懊悔過去，當下在焦慮」！

你可以選擇這樣過生活，那沒問題。但是如果換做是你的小孩呢？他還是一頭小象，他還有機會呀！

難道我們就要這樣放棄了嗎？你要當「小象」？還是「小康熙」？

如果你現在是只有八歲的小康熙，面對這種處境，你會怎麼選擇？你會怎麼做？To be or not to be？改變命運及翻轉人生不用等下輩子的輪迴，不用等重新投胎期望有一個好的八字，改變就從現在開始，你從現在、當下，就有機會改命造運！

但這要怎麼做呢？要如何開始呢？這就要有方向、有方法，要有策略，不能再像過去一樣，急於求成、從眾，心不定、失焦、想同時做很多事！

別讓你愛的人等太久！

找到自己最熱愛、又最擅長的工作！

讓自己的改變與成長成為這一生最重要的事業！

我們要開啟我們的天賦，拿回自己的力量，活出生命的意義，創造一個快樂、健康、幸福、和諧及豐盛的人生！

第二節　如何努力及改變？覺醒與開悟，蛻變與揚升！

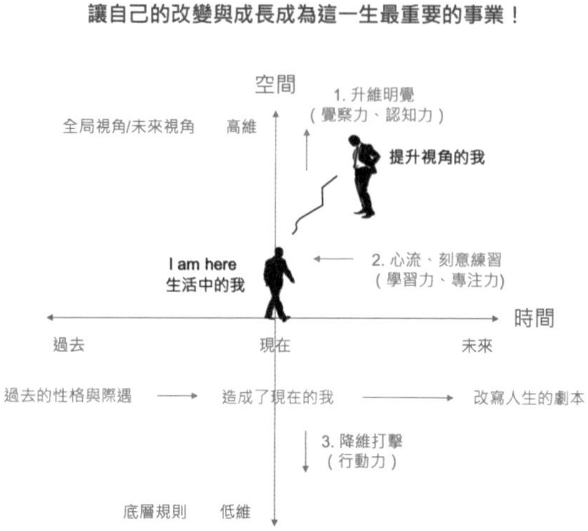

圖 128：覺醒與開悟、蛻變與揚升的策略。

想要改變就必須升維，培養用全局的視角及未來的視角，觀察看清整個局勢及未來的發展，然後降維分析找出事物運作的底層邏輯與規律，找到正確的方向與目標，專注於學習、加強自己的能力，冷靜、有耐心的面對前期緩慢的成長，並堅持到轉折點、突破點，在積累的實踐過程中遵循「刻意練習」的原則，由舒適區的邊緣一點一點往跨出舒適區移動，以擴展自己的能力範圍。

圖 129：最後誰可以搬走那塊糖呢？

升維明覺（覺察力、認知力）

想要改變的第一步，也是最重要的一步，就是要「升維」，提升、提高自己的維度！因為當你的維度提高了，視角也就提高了，覺察力及認知力都會大大地改變，會用一種全局的、未來的視角觀看你的世界，你的世界也就會變得不同，你的眼界決定你的世界。

想像你是一隻螞蟻，眼前看到一塊糖，如果你發現得早，搶得夠快，那你可以獨吞；但若這塊糖在很顯眼的地方，很多其他的螞蟻們也都看到了，你還不是先發現的，甚至更多螞蟻聽到了，還紛紛趕來想分一口糖，你還不一定分得到，那怎麼辦？這塊糖可以是消費者，可以是市場，也可以是眾多競爭企業想搶奪的客戶，但最後誰可以搬走那塊糖呢？（當然「螞蟻」還好不是「人」，因為牠們最後會齊心合力一起努力搬走那塊糖。）

最近網路上有一個特別流行詞叫「內捲」，一般用於形容某個領域內發生了過度的競爭，導致人們進入了互相傾軋、內耗的狀態，也是我們過去常講的「紅海」。簡而言之，在有限的市場下，過度同質化競爭，導致每個個體都付出更多時間精力，但最後並沒有提高產出和所得。

隨著自媒體的興起，近幾年來網路已經大幅取代傳統媒體，尤其是這幾年來隨著YouTube觀看人數的增加，人人都想當YouTuber！不論是小學生寫「我的志願」或是大學生回答偶像是誰，Youtuber的排名都正在急速竄升當中。

筆者在寫稿時，談話型YouTuber老高的頻道剛突破五百萬訂閱。老高以睡前故事的方式，為老婆小茉講述幽浮、大洪水、未來預言等都市傳說，短短四年內人氣狂飆。隨著「老高現象」的興起，繼而出現了「馬臉姐」、「你可敢信」、「barry看世界」、「文昭思緒飛揚」、「腦洞烏托邦」、「飄飄然飄哥」等等，兩年之內出現大量的Youtuber都在講都市傳說，越發感受到越來越多人正投入到一種同質性的激烈競爭當中。你看看，一則阿南德的預言，一個推背圖，有多少個Youtuber重覆地在講。**這就是在有限的市場下，過度同質化競爭，導致每個個體都付出更多時間**

精力，但最後並沒有提高產出和所得。

而歷史會重演，在二〇二〇年，除了YouTube之外，以聲音為主軸的網路節目型態「Podcast」（播客）更是異軍突起。Podcast與過去的廣播節目相當類似，只是把媒介平台換成網路，但卻在二〇二〇年成為最受注目的自媒體模式，截至二〇二〇年九月，台灣已經有一千三百多檔節目，其中光是在二〇二〇年上半年就增加了八百七十檔，不少名人如星座專家唐綺陽等人，也都紛紛開設自己的Podcast節目，更佔據在排行榜前列。

在一窩蜂盲目的跟風下，大多數的YouTuber視角侷限於「都市傳說」的題材，你看到了，別人也看到了，而且你還不是第一個看到的，談的內容又沒法跳脫既有的題材及模式，導致全部的人內捲到同一個困境之中。

在河裡，我們看到漩渦該怎麼辦？趕快游開遠離它呀，別被漩渦內捲進去呀！但大家為何往內跳呀？因為只看到了漩渦中心的那塊「糖」呀，甜滋滋的「糖」呀！

這就是視角維度受限，只能看到眼前的，沒法用全局的、未來的視角看事情！明明知道，就是做不到；特別想要，但就是得不到！不是不夠努力，而是粥多僧更

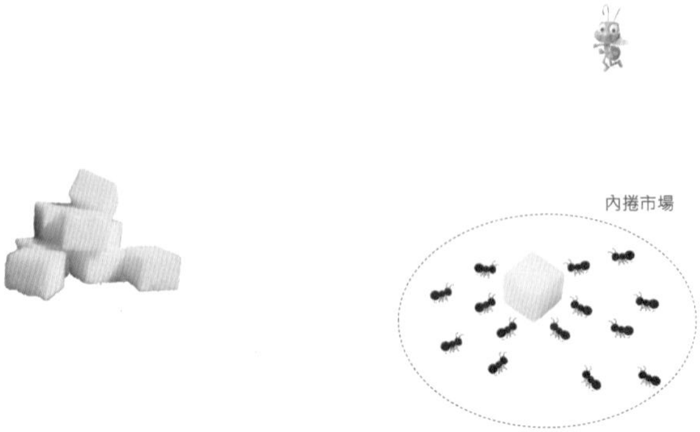

圖 130：「升維」可以提升你的視野，看到其他機會與可能性。

多，全部的人花了大量的時間精力都在搶食同一塊市場，導致一個和尚有水喝，三個和尚沒水喝！

但那該怎麼做呢？答案就是「升維」，提升你的視角，用一種全局的視角、未來的視角重新「俯視」整個市場！

在這時候，你就有機會發現其他螞蟻沒有注意、沒有看到的，在不遠處的地方有「糖」，有別的機會，而且還可能有更多的糖！轉身即看見，退後即向前，慢即是快，能捨才能得！

當你陷於一個困境時，為什麼無法脫困？因為看不到其他的可能性，為什麼看不到其他的可能性？是因為人性，人性使你捨不得、放不下、忘不了、看不見、走不開，是因為你的「本能中心」及「情緒中心」的慾望及需求吸引了你的注意，讓你只看到眼前，而不願移開你的目光。

記得我三十歲時剛進入行銷職務，這是我老闆所推薦的、我認為最棒的行銷書之一：《行銷大師法則——永恆不變22誡》，作者是AL RISE & JACK TROUT。它是我進入行銷領域真正改變我的第一本書，對我後來的工作及創業產生了很大的幫助！在這本書裡，它揭露了市場競爭及市場行銷的「底層規則」，尤其是第一條及第二條法則，那更是重中之重，徹底地顛覆了我對行銷的認知！

「第一條『領先法則』：指出行銷的重點在於創造一個搶先進入的產品類別。說明：與其求你的產品比人家好，不如搶先進入某個市場。領導品牌幾乎都是第一個進入潛在顧客腦海的品牌，例如：租車業赫茲、可樂市場的可口可樂。

第二條『類別法則』：指出無法搶先進入某個產品類別，就必須搶先進入另一個新的產品類別。例如：IBM是第一個進入電腦市場者，迪吉多則是第一個進入迷你電腦市場者。」

這兩條法則簡單用一句話說就是：「不能成為第一，就要創造第一，或是要和競爭者有不同的差異化定位」。

而這條金科玉律的底層認知就是：「行銷就是一場消費者『心智』的戰爭」（Share of Mind，心智市占率）。

台灣最高的山是什麼山？玉山，大家都知道，那第二高的山是什麼山呢？大概很多人就不知道了。美國第一任總統是誰呢？是華盛頓，那第二任呢？Youtuber 裡講都市傳說最有名的是誰呢？老高，那第二有名的呢？第三呢？台灣最有名的小籠包是鼎泰豐，那第二名是誰呢？

人們傾向於只會購買他腦中所認知的第一品牌的產品或服務！但如果你不是第一個進入這個品類市場，或你不是第一名呢？那你又該如何與它競爭，或搶得一席之地？答案就是，我若不能創造一個能搶先進入的產品或服務品類，成為該品類的第一名，那就自己創造一個新的品類，然後搶先進入。

舉例來說，如果你要與一個「世界上最好吃的牛肉麵」競爭，大多數人已經都知道，而且心中已認定它就是世界上最好吃的牛肉麵，那麼你就不能強調你是「最好吃的」，因為要改變一個人已有的既定認定或認知，所花的努力及時間，是要比改變一個人還沒有任何認定或認知要多十倍的力量！

所以，定位上就要改成：「我是這條街上最好吃的牛肉麵！」我不是直接硬碰硬跟你「比好吃」，而是跟你比「離家近」。如果你想要吃一碗牛肉麵得開一個小時的車程，再花一個小時的排隊等叫號，**it's ok**，沒問題；但如果你只是想吃一碗好吃的牛肉麵解解饞，那很好，我的牛肉麵店就是你最佳的選擇。

關鍵，就是要不同、要區隔、要定位清楚，要在消費者或客戶的腦中搶占一個「最」字，最好吃、最近、最便宜、最新、最……而高維的視角能讓你有清晰的視角（全局視角及未來視角），幫助你看清全局，找到消費者或客戶，他們心裡底層還沒被滿足的需求，市場又還沒被其他競爭者發現介入，而你是第一個搶先切入的。

舉我自身的例子來說，我本是一個外商的高階主管，跟命理風水圈半點關係都沒有，沒有任何命理風水的背景。二〇一〇年我離開了美商嬌生公司（Johnson & Johnson），決定不再回到傳統企業裡工作了，我開始思考我的未來，**想找一個自己最熱愛、又最擅長的工作！**因為做最熱愛的工作，我才會快樂；做最擅長的工作才能有競爭力。在幾年的省思及研究過程中（還好沒有急於求成），決定投入玄學、命理風水產業（一隻小螞蟻開始升維，轉頭看向其他的市場）。

我在沒有任何的玄學背景與相關的知識經驗下，該如何切入這個命理風水產業呢？我用升維的角度及高度觀察整個命理風水市場，發現：在台灣學習八字的人大概占百分之廿一，學習紫微斗數的百分之十八，姓名學大約百分之十二，卜卦占卜類的大概占百分之十，手面相的百分之八，風水的百分之八，幾乎七成左右都著重在「預測」類，每個類別所從事個案或教學的老師如過江之鯽，而且非常競爭（讀者可到書店的書架上看一看就可明白），每類玄學領域好比一群螞蟻圍繞著那塊糖，甚至後起之秀還如雨後春筍，前仆後繼的投入。

同時，我也觀察中國市場（另外一大塊、一堆糖）自改革開放以來，在易經玄學市場的發展。結果赫然發現，中國自改革開放以後，首先出現的是卜卦預測，接著是八字命理的熱衷，隨後興起了一股奇門遁甲的學習熱潮，而奇門遁甲除了自古以來名聲很大，具有「預測」的功能之外，更棒的是還有最犀利的、收效快速的「改運」之法。

而台灣卻鮮少有人教授「奇門遁甲」，所以我開始研究中國所有奇門遁甲老師的教學內容（幾乎所有，真的是幾乎所有），二〇一四年除夕，我趁著過年期間在家研究五天，進入心流狀態，五天之後出關，我搞懂了奇門遁甲是怎麼一回事了，開始編寫講義、收集個案，先私下預教一年（刻意練習），然後一年之後，正式對外公開教學，走入江湖！

所以，我不是因為「會奇門遁甲才教奇門遁甲」，我是因為「奇門遁甲有市場（一大堆糖），我才去研究奇門遁甲，教奇門遁甲！」表面看起來一樣，看似幸運，但是是有其底層的邏輯及策略！

那我在哪裡教？台灣呀！我跟他們中國的奇門遁甲老師比什麼？比「離家近」呀！

再由於我是從高維的視角，俯視所有的奇門派別及教奇門遁甲的老師，我就可以以一種「全局的視角及未來的視角」看清每一位優秀的老師，他們怎麼教？有哪些特色的手法？吸引了哪些類型的學生？摸清了「奇門遁甲這門數術」及「奇門遁甲市場」的底層邏輯與規則，更重要的是深刻清楚地知道了每位老師及派別之間的特色與差異，從而明確地定位了我的產品與服務。所以關鍵在於「俯視」而不是「仰視」，因為「俯視」：

- 可以全局的了解有多少主流的、關鍵的「玩家」（Key Players）。
- 看到彼此之間的差異、缺口（或稱之為機會點），消費者還沒被觸及或滿足的需求。

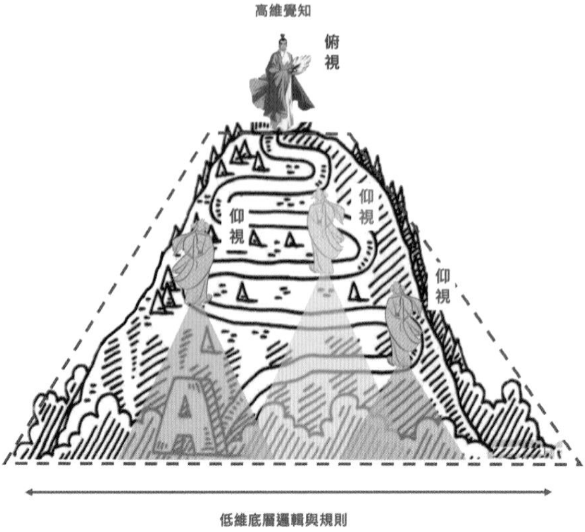

圖 131：俯視可以看清全局，了解彼此之間的差異或缺口（機會點）。

- 找到自己的定位及優勢點。
- 甚至清楚知道未來可能的發展方向（未來視角）。
- 還可以超前佈局，提前規劃產品服務，提供未來市場所需。

這是破除「人性的慣性」、「單一視角」、「同質性產品及服務」、「跳脫內捲市場」的核心策略及方法！要把原本「舊有的知見」和「慣性的思維」徹底拿掉、拆掉，轉換成升維後的全局視角及未來視角，才有機會翻轉人生，改變未來！

越焦慮、越急於求成，越不想改變及下深的工夫，只會讓翻轉的時間越拖越久，越沒有機會！

如果你用過去十年舊的方法，去過你未來的十年，那你的未來不就變成你的過去了，你還有未來嗎？我們如何能用不對的方法得到正確的結果？如何用舊的地圖去找到新大陸？又如何用既有的方法去做事，並期望未來會有改變，會有所不同？

子奇老師非常誠摯地公開我這七年來的心得與領悟，期望這對大家能有所幫助，哪怕是只有一點點，那在疫情結束後，我們就可以一起有信心地迎向一個嶄新的未來！當然，如果您不認同，或有別的想法，或覺得沒什麼用，那也OK，因為就是多元的社會，有不同的見解，大家可以彼此比較、交流、學習、成長，社會才會進步，才會有更不一樣、更好的未來！

心流、刻意練習（學習力、專注力）

要想改變，第二個關鍵的步驟就是「刻意練習」，全面改造自我，提升自己的能力（賦能）。與其說是「改變」，不如說是一種「蛻變」！提升自己的什麼能力呢？除了上述所提及的能力：升維提升視角的「覺察力」與「認知力」，還有接下來要談的「學習力」與「專注力」！

《刻意練習》一書的作者安德斯・艾瑞克森（Anders Ericsson）被譽為「研究

世界專家的世界專家」，根據他三十年的研究發現，所有領域的「天才」發跡和成長過程，全都可以歸納成「刻意練習」的產物。

「天才與庸才之間的差別不在基因、不在天分，而在刻意練習！」難道我們比別人優秀的那些事情，不就是因為自己比較「聰明」一點嗎？努力練習真的可以戰勝天賦異稟？

作者說：「我從未見過有人不經長期密集練習就發展出超凡能力。」這些所謂擁有「天賦」的佼佼者們，只是比其他人更善於改善「大腦」和「身體」的適應力，採用正確的方式學習跟訓練而已。

如果這又是自己本來最擅長的、又最熱愛的工作，那練習的過程，你將會如魚得水，樂不思蜀，事半功倍，發生驚人的改變！

「刻意練習」的目標並不是「發掘」潛能，而是「打造」潛能，讓以前不可能的事情變得可能。而這需要改變現況，也就是脫離舒適圈，並強迫自己的大腦和身體去適應新的行為和技能。

「刻意練習」具體的方法是三個步驟：設定明確目標、高度專注、意見回饋。

這套方法的順序是：決定要達成的結果，並且「**拆解**」這項技能，把技能學到可以自我糾正的程度，移除任何會對練習造成障礙的事情，反覆練習跟改善累積到二十個小時。

而「拆解」的核心關鍵是：慢就是快！要比你平時所看到的至少要再放慢十倍，甚至一百倍！這是對治「急於求成」的人性弱點，對症下藥最重要的一帖良方。

太極拳大師鄭曼青並非傳統的武人，他有「五絕老人」的稱譽，五絕所指的是詩、書、畫、中醫和後來所創立的「鄭子太極拳」等五種絕藝。在他收其中一位入室弟子時，曾要求該名弟子於半夜來找他，弟子於室外久候多時之後，鄭祖師爺的房門突然打開，開口慢慢吐出幾個字：「太極拳的心法在於：『**慢就是快**』，『**拆開來練**』。」筆者無意中得悉這句話，才能在短時間內突破我太極拳的瓶頸，領悟太極拳勁的奧義，功夫大為精進！這與「刻意練習」一書中所強調的觀念不謀而合。

「刻意練習」不僅適用於技能的訓練，同樣也適用於行為的改變、人際關係的改善，事業、感情、家庭關係、金錢、健康的大幅提升，所有皆一體適用！

成就卓越需要的是努力、有計畫、難度漸增的刻意練習。

1. 設定明確的目標

一旦確認自己對這件事抱持興趣，就往前設定更明確的目標，最好是有十足的挑戰性。很多人有運動的習慣，例如練習長跑時，當身體習慣了十公里的距離，就設定更高目標在十五公里，又或者培養出閱讀習慣之後，就設定每年要讀十二本書。

2. 高度專注

筆者在教授奇門遁甲時，會一再反覆強調，心要定、心要專、不要想太多，大道至簡，簡單就是硬道理，心亂盤就亂，奇門遁甲本來是很簡單的，是人心不定，人心亂，人心捨不得、放不下、忘不了，奇門才學得慢。

作者提到，無論是目標練習或者刻意練習，都必須投入百分之百的「專注」。投入練習的時間必須先重「質」再重「量」，要盡可能排除一切會致使分心的事情。要讓練習發揮百分百效用的方法，就是在練習時段裡只專注做「一件事」。換句話說，在練習或做事時，要讓自己進入一種近似「開悟」、「心流」的狀態！

「心流」，是一個人全神貫注於某件事而渾然忘我的境界。像筆者現在寫書，頭腦清明、文思泉湧，就是讓自己先進入一種「心流」的狀態！

《心流：高手都在研究的最優體驗心理學》的作者米哈里．契克森米哈伊（Mihaly Csikszentmihalyi），在四十年前，他觀察到超過需求門檻以上的物質條件，再多也不會讓人感到快樂。於是，他開始研究擁有創造力或卓越表現的人們，像是藝術家、科學家、運動員等，試圖理解是什麼驅使他們不以獲取名聲或財富為目的，而為生命意義與價值感行動。

研究中發現，當他們在從事為人稱頌的事務時，都進入了另一種現實，一種有別於日常活動的精神狀態，在這種狀態中，時間感、存在感皆彷彿暫時消失了，人們專注並從中獲得喜悅與滿足感，如同進入了一種「自動運轉」的模式中。這種體驗像是自動流發而來，故稱之「心流」。

在心流中，人們擁有最佳的內在感受。專注，讓他暫時忘卻其他事情，藉以建立意識秩序，自身技能與行動契機得以互相配合；而努力克服挑戰，更往往是最充滿樂趣之刻。

認識意識的運作，並學會駕馭之；控制經驗反應在大腦裡的資訊，進而決定自我人生的模樣；最終結合所有經驗，打造一個有意義的模式，讓一個人可以駕馭生命，並感受到它的意義。

最美好的幸福時刻，往往發生在一個人有意地將身體或心智能力發揮到極限，進而完成某件具有難度或有價值之事的時候；而真正能夠滿足人心的，是對自己的生命真實感到滿意。最優體驗需要個人的努力與創造力，以及隨時隨地掌控意識的能力。讓更多日常生活進入「心流」，你將擁有更快樂的人生。

所以，人生有三件重要的事：

- 跟自己喜歡的人
- 做自己喜歡的事
- 跟對老師、跟對人

「找到自己最熱愛、又最擅長的工作」是進入「心流」狀態最快速、最容易的方法。

3.尋求意見回饋

重複同一件事，又不知道是否做得正確，很可能得不到正確的結果。重複的目的在發現自己的弱點，並聚焦加強改善弱點，直到找出最佳策略為止。每次練習都要找出自己哪裡不足，透過「回饋」來尋求改善的方向，訂定改善計畫並持續執行。

最好的方式是找教練或老師，監測自己的練習狀態並給予即時回饋。次好的方式則是找到最佳範本進行模仿和重現，最佳典範（Best Practice）或好榜樣（Role Model），在自己與典範或榜樣的差異之間尋求回饋並改善。

任何沒有「回饋」的練習，都可能導致事倍功半或偏離了方向！

而且即時的、持續的正向回饋，能激發你強大的學習力及行動力，使得學習過程變得快樂、有趣。因為人類的「情緒控制」及「生理本能」中心，它們超強的慾望及情緒能量是非常珍貴的行動力來源，如果能夠讓它們感受到學習的樂趣與成就感，它們會展現強大的行動力，讓自己像沉迷於遊戲一樣沉迷於學習。

重點要把「學習」看成像玩打怪闖關的手機遊戲一般，當破關升級獲取回饋時，驅動「情緒控制」及「生理本能」中心去「玩、再玩、繼續玩」，而不是一味的努力堅持，讓「思考認知」中心苦苦地去「學、再學、繼續學」，要用「玩」的心態取代「學習」。

這裡，我摘錄一篇網路上的文章給讀者們做參考，文章的作者自己回顧自己如何用「刻意練習」的方式學習國標舞的過程（Waki瓦基更新於2022-04-18）：

「大四時加入社團，半年內成為副教學，一年內跟資深舞者同台演出，出社會後常駐公司社團教學長。陡峭且快速的學習曲線，讓我常被稱讚有跳舞的『天賦』，但拆解自己的學舞過程後，發現跟天賦沒什麼關係，重點在於刻意的練習。

曾經，身為內向者的我，從不認為自己是塊『跳舞的料』。自有記憶以來，跳舞跟肢體不協調幾乎是畫上等號。那種在舞台上展露笑容、擺動肢體的事情，光想就令人渾身不對勁。

我之所以對國標舞產生興趣，是受到真人真事改編電影『獨領風潮』的啟蒙。主角皮耶．杜蘭自願到紐約公立學校，指導一群留校察看的問題學生國標舞。當他被學生的家長們質疑，為何要浪費課後輔導的時間在這種舞蹈上面，而非指導學業？他答道：

如果你的女兒相信我的帶領，也代表她相信自己。如果你十六歲的女兒既堅強又有自信，她怎麼可能隨便讓個白癡搞大她的肚子？如果你的兒子學會觸摸一個女孩的時候帶著尊敬，那麼在他一生當中又會如何對待其他的女人？

就是這段話，讓我義無反顧地踏上學習國標舞這條路。對我來說：國標舞就是一門探究人與人之間溝通與尊重的藝術。我的學舞方式，跟書中醫學界外科之父威廉・豪斯泰德的法則很像：看一次，做一次，教一次（See one, do one, teach one.）。

看一次

正式參加社團前，為了能比較快進入狀況，我在網路上不停欣賞過去十年，國際頂尖選手的比賽影片。透過反覆地觀摩和欣賞，大致掌握了國標舞的情境跟感覺。雖然肢體還沒開始學習，但大腦已經植入了這種舞蹈的印象。

加入社團後的課堂之餘，特別去找國際 Top 3 選手的基本步教學影片，把課堂上老師教過的步子，都透過影片再重現一次，自己分解每個步子該怎麼運用身體。透過影片的記憶，把許多基本動作的模樣烙印在腦中。

做一次

由於自己是從零學起，在課堂上不熟練的部分，得額外花時間找鏡子繼續練習。我盡可能地把自己在鏡中的動作，做到跟腦中影片的模樣一致。不停地模仿，不停地嘗試。

課堂上只要有空檔，就纏著學長姐們問東問西。這部分是書中的意見回饋，透過別人對自己的回饋，快速改進不足的地方，走到正確的修正方向。

教一次

透過影片和練習的累積，漸漸地熟練不同的舞步。到了這個階段，我把懂的部分轉化成自己的語言，主動去教導還不熟練的同學。偶爾還會被問到很難的問題，也激發我再嘗試新教法或者改變自己跳舞方式。

在教學的過程中，建構出自己運用肌肉的邏輯系統，不斷修正跟提升技巧。很深刻的感觸是，當你可以教別人的時候，才代表自己真的懂了。因此，教學也成了我樂此不疲的事情。

雖然從不以職業舞者為目標，但長年累月下來，在舞技上的持續進步，以及從舞蹈上實踐的自我探索，讓我到現在仍然保持熱忱，繼續維持跳舞的習慣。」

如果你不把自己推出舒適圈，你永遠不會進步。

專注於學習、加強自己的能力，冷靜、有耐心地面對前期緩慢的成長，並堅持到轉折點、突破點，在積累的實踐過程中遵循「刻意練習」的原則，由舒適區的邊緣一點一點往跨出舒適區移動，以擴展自己的能力範圍。

降維打擊（行動力）

最後補充一個要點，想要成長及改變，除了學習，還需要學習之後的思考，思考之後的行動，行動之後的改變更加重要，如果不能真正的發生改變，而且關注改變量，那麼投入再多表層的學習量也是事倍功半。所以要發生真正的改變是：改變量 ＞ 行動量 ＞ 思考量 ＞ 學習量。

行動需要耐心、堅持與毅力，從長遠的角度來看，毅力不是耐心與堅持帶來的結果，而是一種認知，一種具有長遠目光與認知的結果，不是不享受，只是延遲享受，享受因長期付出所得到的更大、更甜美的果實。

辛苦一陣子，快樂一輩子！

一千個冬天，換來一萬個春天！

第三節　覺醒與開悟的七個層次

當你開始覺醒並下定決心，運用上面所述的觀念及方法，你將漸次進入開悟的七個階段。

決定一個人命運的不是性格也不是努力，而是一個人的心智。心智才是拉開我們人與人之間距離的核心觀念，你如果想改變命運，那就一定要從提升心智開始。

如何開始心智的提升呢？分為以下七個階段，你可以看看現在自己處於哪個階段：

第一階段，你對自己的言行毫無覺察，一切行為完全依附本能，這個階段我們把它叫做動物本能階段，對自己完全不自知，俗話說就是說話辦事不過腦子（由「生理本能」中心掌控）。

第二階段，你開始關注自己行為背後的原因，會思考自己為什麼會這麼說，為什麼會這麼做？凡事懂得思考，我們把這個階段叫自我反思階段。處在這個階段的人呢，他不會再抱怨外在的人和事，而開始全方位的反思。當一個人學會反思時，他將步入一個偉大的開始（進入覺察與反思，由高我的視角反觀自己）。

第三階段，逐漸接納自己，減少內耗。心態趨於平和，穩定自我與本我沒有對抗，我們管他叫做掌控情緒階段。這個階段的人基本不會由情緒控制，自己會變得非常理性，一些外界的干擾評價嘲笑諷刺都不會對他產生任何的影響，他只專注做好自己（掌控「情緒控制」中心）。

第四階段，經過長期的自我覺察和自我反思以後，行動力開始越來越強，加上時間管理和心態，管理會變得越來越自律，由大腦意識來控制行為，異常的專注；而在行動時，會有行動來驗證他的思想，執行力超強，我們把這個階段叫知行合一（「思考認知」中心、「情緒控制」中心、「生理本能」中心，三個中心完美平衡，和諧的同步運作）。

第五階段，進入極致專注的狀態，對要達成的目標和結果進入完全的瘋狂癡迷狀態，我們把這個階段叫專注忘我。進入這個階段的人呢，會迸發出超強的領袖智慧和魅力（進入「心流狀態」）。

第六階段，生命力和創造力逐漸增強。內心呢，會不斷湧現出慈悲，這個階段我們稱之為「利他之心」湧現。進入這個階段的人呢，開始真正明白諸惡莫作、眾善奉行，利眾者眾人利之，身邊的一切資源呢，都將會源源不斷地向他靠攏（究竟利他，宇宙的訊息與能量源源不絕流入你體內，開始進入與道合一、天人合一階段）。

第七階段，最後一個階段，我們稱之為開悟覺醒。到了這個階段的人，他會找到他自己人生的使命和目標，然後專注恆久，為之奮鬥一生。我們把這個階段的人呢，叫找到自己，他也真正知道了，我是誰，明白了我從哪裡來，想好了要到哪裡去（遇見真正的自己，開悟）。

七個階段講完了，自我覺察、自我反思、掌控情緒、知行合一、專注忘我、無我利他、找到自己。

這一段話，建議各位讀者反覆多看幾遍，好好地領悟一下，期望所有讀者都能把自己的改變與成長，成為這一生最重要的事業，開啟自己的天賦，拿回自己的力量，活出生命的意義，創造一個快樂、健康、幸福、和諧及豐盛的人生！

我們所有的努力及改變，都是在讓我們比一般人有更清晰的視角，有更好的身體去駕馭和活出快樂、健康、幸福、和諧及豐盛！

人最大的運氣，不是撿到錢，而是某天你遇到一個人，他打破了你原來的思維，提高了你的認知，進而提升了你的境界，帶你走上更高的平台，這就是你人生的貴人。

附錄

若對於奇門有興趣，想更進一步學習奇門遁甲，子奇老師目前提供的奇門課程系列有二大類：「九宮奇門」及「陰盤奇門」共五套課程。

1.「九宮奇門」預測學

針對沒有任何東方命理玄學基礎的奇門入門課程，入手簡單、一眼立判。

「九宮奇門－預測學」是史上最簡單、最易入手的預測術，如果您想快速地學會一個可以幫您做決定、判斷事情吉凶成敗、預測未來發展的好方法，子奇老師所開發的「九宮奇門－預測學」課程，完整而有系統的教學，絕對是您的最佳選擇。

●「九宮奇門－預測學」是九宮奇門系列課程的首開篇（預測學、數字學、開運學等等）。以「單宮占卜」為核心基礎，專門針對沒有任何東方命理玄學基礎的朋友所設計的奇門遁甲預測術，其最大特色是：簡單、犀利、快速，吉凶成敗一眼立判、論斷準確。

● 學會了「九宮奇門－預測學」，終身可以幫助自己、家人與親朋好友，做為預測未來與決策運用的最佳預測占卜工具，以收趨吉避凶的效果。

每期還會加碼釋出命理風水師不外傳的絕技，奇門金口訣、奇門演卦、奇門透易等等。一個奇門的單宮，就能斷得比八字多，卻比八字簡單易學，從一個單宮就可以像八字或紫微斗數論命，可以看出一個人的個性、能力、事業、財運、健康、疾病、住家環境、婚姻感情、兒女與父母的關係、還有流年及大運等等。「九宮奇門 預測學」能預測也能論命，簡單入手，威力強大。

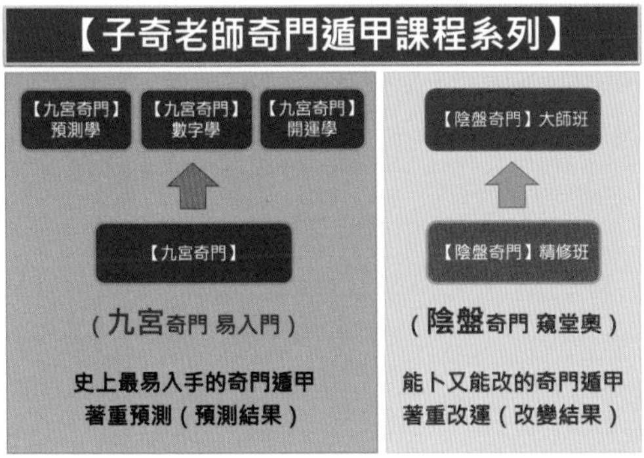

圖 132：子奇老師奇門遁甲課程系列。

「課程內容單元」：

單元 01　奇門單宮占三步驟

單元 02　奇門五大符號類別介紹

單元03　符號精解・八卦九宮
單元04　符號精解・八門、九星
單元05　符號精解・八神、十天干
單元06　奇門單宮高階段法（諸多不傳密法釋出）

2.「九宮奇門」數字學

九宮奇門手機號，針對沒有任何東方命理玄學基礎的奇門入門課程。

你知道每個人的手機號碼中都藏著「奇門遁甲」的祕密嗎？奇門盤中有八卦九宮、八神九星、八門以及十天干。我們將手機號碼轉換成一個由奇門符號所組成的宮位！從這串數字中就能看出使用者個性脾氣、外型氣質等。

最重要的是簡單、好學、馬上能用！這堂九宮奇門手機號課程「無需任何基礎」也能快速學會！歡迎完全不懂命理玄學的新手們！

這門課讓你用最快速的方式去判斷使用者的性格，想了解奇門遁甲的神奇，不用一開始就進入繁雜的解盤過程！

適合對象：

- 純粹好奇！想了解什麼是九宮奇門手機號。
- 有興趣想要學奇門遁甲，但完全沒經驗。
- 覺得直接參加陰盤奇門遁甲課程太複雜。
- 學過奇門遁甲，但是想增加熟讀奇門符號技巧的學員！
- 希望提升社交話題的業務，想要跟閨蜜聊點新話題的你！
- 熱愛學習新事物的你。

3.「九宮奇門」開運學

針對沒有任何東方命理風水基礎的奇門入門課程，奇門遁甲六次元開運術，二〇二三年起開始招生。

「改運也可以很簡單！」只要能掌握六個簡易、快速、犀利、有效的方式，就能讓你這輩子有個翻身的機會、改變自己的運勢、創造自己的幸福人生！

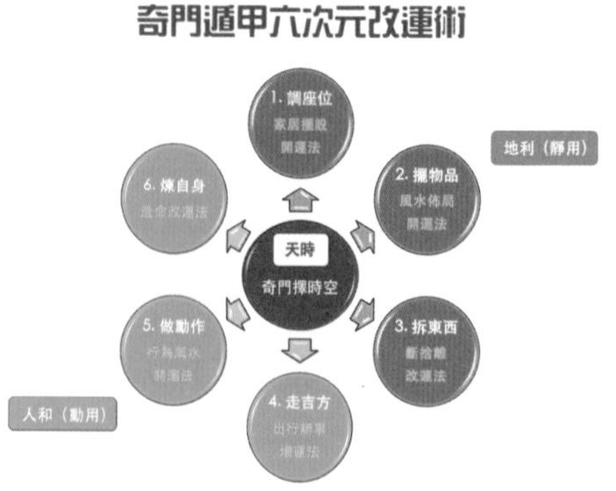

圖 133：奇門遁甲六次元改運術。

「九宮奇門─開運學」又名「奇門遁甲六次元改運術」。以「奇門遁甲擇時空」為核心，由兩個重要的要訣：「占地利，得天時」貫穿所有改運術，從六個面向、三個角度（天時、地利、人和），三百六十度全方位改變您的運勢，只要掌握「調座位、擺物品、拆東西、走吉方、做動作、煉自身」六個簡易、快速、犀利、有效的方式，就能讓您這輩子有翻身的機會、改變自己的運勢、創造幸福的人生！

4.「陰盤奇門」精修班（初中高三階課程）

著重在改運化解、佈局調理，小白可學。

「陰盤奇門」融合了諸多「陽盤奇門」、「紫微斗術」的技法與心法，主要斷法及應用的是傳統奇門所用的「滿盤（或多宮）占」。

- 在預測占卜方面，「九宮奇門」主要的訴求，在於直接給個吉凶成敗的結論，及提供可能的基本原因。但在「陰盤奇門」裡，可以了解一件事情的來龍去脈，追蹤未來發展變化，可以探究小到一個、或二個人事物之間關係的對待、緣分的變化（我的宮位及他／她的宮位）；大到一個企業的各類商業問題、企業診斷、內外各個單位的利害關係，競爭對手、客戶市場、廣告銷售。

● 這些問題都可在「陰盤奇門」裡得到答案，因為「陰盤奇門」的滿盤多宮斷法，把「奇門式盤」視為古代打仗用的「沙盤」，使用多個宮位，可以模擬真實世界的人、事、物、或組織單位，猶如戰場上的我軍、友軍、敵軍，把這些置於奇門盤裡（沙盤裡），進行沙盤推演，了解彼此的競合、利害關係，模擬可能的未來發展，找出機會威脅，小到兩個人的戀愛關係，大到商場上的競爭，都可以預測推演！

● 例如感情問題，「陰盤奇門」可以很細膩、深入地探討兩人彼此之間的「吉凶、得失、對待、過程、進退」等問題。

他／她的心裡到底有沒有我？

我倆有沒有緣分在一起？還是有緣無分？

他／她除了我，還有沒有有別的情人？

什麼時候，對象會出現？

他／她對我的付出是真心的嗎？

我倆到底會不會分手？

● 在風水佈局的改運方面，「陰盤奇門」與「九宮奇門」課程設計裡最大的不同，在於「陰盤奇門」可以針對個人目前遭遇處境中所碰到的矛盾、障礙及不利因素一一化解，而這是「九宮奇門」裡較少涉及的。

例如，店面生意不好，想提升店面生意，在「九宮奇門」固然可以催財局，但應當先開奇門盤，用「陰盤奇門」的預測診斷，找出生意不好的原因，再對症佈局調理，這樣才有比較好的效果。

例如客人少（客人的宮位空亡），就佈局增加客人；員工離職多、不和睦（調整員工的宮位），就調整員工向心力等。這樣矛盾、障礙及不利因素化解了，再佈財局，佈的財局才比較有效果。

否則根本問題沒解決，即使佈了財局，要嘛，前面進財，後面漏財，不然就是根本沒有財源或財源出問題了，這樣問題沒解決，即使佈了財局，財局恐不持久或效果差。

●在催運佈局方面，「陰盤奇門」的佈局主要是針對個人時空，調理風水，提升運勢（改變奇門局），尤其「陰盤奇門大師班」的進階技法「移神換位」技法，還可變換宮位的結構、改變宮位間的關係來佈局，以達成心中的期望。

●結論：「陰盤奇門」著重於多樣化的佈局運籌調理（改變未來）；「九宮奇門」則著重於多樣化的預測占卜（預測未來）。一個著重「改變」，一個著重「預測」。

想學陰盤奇門遁甲，卻沒有任何命理風水基礎的朋友不必擔心，因為子奇老師擅長於教「小白」（指白的像一張紙，沒有任何命理風水基礎的人）。有學員曾說過：「想學奇門遁甲就得跟子奇老師學習，因為子奇老師很會教，如果跟子奇老師學奇門遁甲還學不會，大概也就沒什麼老師可以教會你了！」

5.「陰盤奇門」大師研究班課程

欲參加大師研究班的學員，必須先上過子奇老師的「陰盤奇門」精修班（初、中、高級班）。

「陰盤奇門」大師研究班課程，是針對給上過子奇老師「陰盤奇門」精修班

（初中高三階課程），對奇門很有興趣，想更進一步深造，或是想成為一位專業的執業命理風水師的朋友所設計的。

課程裡會釋出更多高端的預測與化解催運的技法與心法，包含奇門高層斷局中的高層技法，**祕傳占斷二十法訣**，它是奇門斷法的祕中之祕，古代所有修習奇門的人無不視其為至寶的！

- **取用神心法**：天機藏於動處，動處有玄機，介紹奇門七動。一局到手，先分動靜。無極生太極，一動而分陰陽動靜，有動靜而後有損益沖合，最後便有了吉凶禍福。動靜是因，損益沖合是象，吉凶是果。
- **象法心要**：介紹象意六法——取象直讀、象意定位、交叉取象、尋象應數、象意組合、重複取象，及奇門五大類象系統：奇門符號、四柱、十二長生、六親類象。
- **祕傳占斷二十法訣**：奇門遁甲因為自古為帝王之學，不讓民間老百姓學習，歷經幾千年，已面目全非，原因在於理法不明，斷了傳承，導致各門各派，各說各話，南轅北轍，此臧彼否，互相矛盾，眾說紛紜，莫衷一是。而「陰盤奇門」大師研究班課程裡所教授的「祕傳占斷二十法訣」，正可以解決上述的問題。對於涉略奇門遁甲多年，很多問題苦思不解的朋友，在這二十法訣裡，都可以找到明確的答案。有學員反饋說：「光聽這二十法訣，繳的學費就太值得了！」。

祕傳占斷二十法訣，是奇門高層斷局中的高層技法，也一直是奇門斷法的祕中之祕！全面揭露奇門高層斷局二十法訣，動、靜、旺、衰、生、剋、進、退、冲、合、連、屬、刑、空、墓、破、夾、照、伏、反。

- **天地人神化解增運祕法**：目前坊間所傳奇門遁甲的化解方法，基本上停留在「解四害」，而它只是奇門佈局調理中點、線、面裡「點」的解法。奇門佈局調理除了「移星換斗」大法，還有佈局最高層次的「九宮運籌」之法、「移神換位」大法以及「行為風水調理大法」。尤其「環境風水＋行為風水＋奇門出行訣」結合使用，處理更為靈活，達到更大效果。

國家圖書館出版品預行編目資料

九宮奇門 2：六次元改運術／子奇老師 著 -- 初版. --
臺北市：春光出版, 城邦文化事業股份有限公司：
英屬蓋曼群島商家庭傳媒股份有限公司城邦分公
司發行, 2022.12
面； 公分. --
ISBN 978-626-96812-8-0（平裝）
1. CST: 奇門遁甲 2. CST: 占卜 3.CST: 改運法
292.5 111019115

九宮奇門2：六次元改運術

藉調座位、擺物品、拆東西、走吉方、做動作、煉自身，
天時地利人和六祕技翻轉人生，如願以償！

作　　者／子奇老師
企劃選書人／何寧
責 任 編 輯／何寧
特 約 編 輯／劉毓玫

版權行政暨數位業務專員／陳玉鈴
資深版權專員／許儀盈
行 銷 企 劃／陳姿億
行銷業務經理／李振東
總　編　輯／王雪莉
發　行　人／何飛鵬
法 律 顧 問／元禾法律事務所　王子文律師
出　　版／春光出版
臺北市104中山區民生東路二段 141 號 8 樓
電話：（02）2500-7008　傳真：（02）2502-7676
部落格：http://stareast.pixnet.net/blog E-mail：stareast_service@cite.com.tw
發　　行／英屬蓋曼群島商家庭傳媒股份有限公司城邦分公司
臺北市中山區民生東路二段 141 號11 樓
書虫客服服務專線：（02）2500-7718 /（02）2500-7719
24小時傳真服務：（02）2500-1990 /（02）2500-1991
服務時間：週一至週五上午9:30～12:00，下午13:30～17:00
郵撥帳號：19863813　戶名：書虫股份有限公司
讀者服務信箱E-mail: service@readingclub.com.tw
歡迎光臨城邦讀書花園 網址：www.cite.com.tw
香港發行所／城邦（香港）出版集團有限公司
香港灣仔駱克道 193 號東超商業中心 1 樓
電話：（852）2508-6231　傳真：（852）2578-9337
E-mail : hkcite@biznetvigator.com
馬新發行所／城邦（馬新）出版集團　Cite（M）Sdn. Bhd
41, Jalan Radin Anum, Bandar Baru Sri Petaling,
57000 Kuala Lumpur, Malaysia.
Tel:（603） 90563833 Fax:（603） 90576622 E-mail:cite@cite.com.my

封 面 設 計／萬勝安
內 頁 排 版／邵麗如
印　　刷／高典印刷有限公司

■ 2022年 12月15日初版一刷
■ 2023年 10月11日初版2.1刷

Printed in Taiwan

城邦讀書花園
www.cite.com.tw

售價／550元

ISBN 978-626-96812-8-0

廣　　告　　回	
北區郵政管理登記	
臺北廣字第000791	
郵資已付，免貼郵	

104臺北市民生東路二段141號11樓

英屬蓋曼群島商家庭傳媒股份有限公司
城邦分公司

請沿虛線對折，謝謝！

愛情・生活・心靈
閱讀春光，生命從此神采飛揚

春光出版

書號：OC0091　　書名：九宮奇門 2：六次元改運術
藉調座位、擺物品、拆東西、走吉方、做動作、煉自身，
天時地利人和六祕技翻轉人生，如願以償！

請於此處用膠水黏貼

讀者回函卡

謝您購買我們出版的書籍！請費心填寫此回函卡，我們將不定期寄上城邦集最新的出版訊息。亦可掃描QR CODE，填寫電子版回函卡

姓名：______________________

性別：□男　□女

生日：西元________年________月________日

地址：______________________

聯絡電話：______________　傳真：______________

E-mail：______________________

職業：□1.學生 □2.軍公教 □3.服務 □4.金融 □5.製造 □6.資訊

□7.傳播 □8.自由業 □9.農漁牧 □10.家管 □11.退休

□12.其他 ______________________

您從何種方式得知本書消息？

□1.書店 □2.網路 □3.報紙 □4.雜誌 □5.廣播 □6.電視

□7.親友推薦 □8.其他 ______________________

您通常以何種方式購書？

□1.書店 □2.網路 □3.傳真訂購 □4.郵局劃撥 □5.其他 ________

您喜歡閱讀哪些類別的書籍？

□1.財經商業 □2.自然科學 □3.歷史 □4.法律 □5.文學

□6.休閒旅遊 □7.小說 □8.人物傳記 □9.生活、勵志

□10.其他 ______________________

請於此處用膠水黏貼